LE
GÉNÉRAL BOURBAKI

PAR

FRANÇOIS BOURNAND

TOURS

ALFRED MAME ET FILS

ÉDITEURS

LE

GÉNÉRAL BOURBAKI

—

4e SÉRIE GRAND IN-8o

Le général Bourbaki.

LE
GÉNÉRAL BOURBAKI

PAR

FRANÇOIS BOURNAND

ANCIEN ÉLÈVE DE L'ÉCOLE DES HAUTES ÉTUDES
LAURÉAT DE L'INSTITUT ET DE LA SOCIÉTÉ NATIONALE D'ENCOURAGEMENT AU BIEN
PROFESSEUR A L'ÉCOLE PROFESSIONNELLE CATHOLIQUE
ANCIEN COMMISSAIRE GÉNÉRAL DES BEAUX-ARTS

PRÉFACE PAR Mgr TRÉGARO

ANCIEN ÉVÊQUE DE SÉEZ

TOURS

ALFRED MAME ET FILS, ÉDITEURS

M DCCC XCIX

A

L'ABBÉ FÉLIX KLEIN

DE L'INSTITUT CATHOLIQUE

———

HOMMAGE RESPECTUEUX DE SON DÉVOUÉ EN N.-S.

FRANÇOIS BOURNAND
PROFESSEUR D'HISTOIRE DE L'ART A L'ÉCOLE PROFESSIONNELLE CATHOLIQUE

LETTRE DE MGR TRÉGARO

ANCIEN ÉVÊQUE DE SÉEZ

Séez, le 18 août 1896.

Mon cher monsieur Bournand,

Vous venez de me donner à lire une étude bien inté-
ressante que vous avez écrite sur le brave général Bour-
baki, l'ancien soldat d'Afrique, le chef aimé de la garde
impériale, l'héroïque vainqueur de Villersexel, le bon
chrétien dont la charité a toujours été grande.

Votre œuvre intéressante fait revivre autour de cette
belle figure nos gloires et nos revers, les actes de courage
de notre grande et chère armée, de ces vaillants soldats
devant lesquels les ennemis eux-mêmes ont dû plus d'une
fois s'incliner respectueusement.

Si Bourbaki a eu un moment de défaillance, il ne
faut qu'en accuser sa grande douleur patriotique, car je
l'ai connu et j'ai pu voir souvent quels étaient ses senti-
ments envers les enseignements de l'Église. J'en appelle
ici au souvenir de ses compagnons d'armes, et je me rap-
pelle avec quel respect religieux il assistait aux messes

du camp de Châlons et sa tenue à nos belles cérémonies, aux grandes fêtes chrétiennes où il ne craignait pas d'assister en grand uniforme en compagnie de son officier d'ordonnance.

En racontant cette vie vous nous offrez de beaux exemples de courage, de dévouement, de fidélité à la Patrie; vous faites connaître à tous combien est belle la glorification du devoir.

Merci encore à vous, cher monsieur, d'avoir bien voulu, dans ces quelques pages, chercher à faire aimer la belle physionomie d'un général qui a dignement servi le drapeau de la France.

Je bénis vos œuvres si nombreuses écrites pour la jeunesse chrétienne et leur souhaite grand succès.

Agréez, cher monsieur Bournand, l'hommage de mon entier dévouement.

† FRANÇOIS-MARIE,

ÉVÊQUE DE SÉEZ

INTRODUCTION

---

10 février 1898.

Mon cher monsieur Bournand,

Vous venez de me communiquer les pages que vous avez écrites au sujet du général Bourbaki, et vous me demandez si vous avez bien rendu la physionomie de ce brave soldat, et son caractère chevaleresque.

Je ne puis que vous féliciter de la manière dont vous avez parlé de celui dont j'ai été le subordonné, le compagnon d'armes et l'ami.

C'était un brave cœur, allez! un bon patriote. Il fallait voir, dans les dernières années de sa vie, comme son œil s'animait, comme sa figure prenait un air de joyeuse satisfaction, lorsqu'on venait à lui parler des gloires du drapeau. Il avait des tressaillements d'allégresse lorsqu'on causait devant lui des succès remportés par nos chers soldats au Tonkin, à Madagascar, partout où ils sont allés faire flotter le drapeau chéri aux trois couleurs.

Permettez-moi d'ajouter aussi que Bourbaki était un fervent chrétien, aimant Dieu et son prochain, et dont les secrètes aumônes ont soulagé plus d'une misère.

Je me souviendrai toujours de la dernière visite que je lui rendis dans sa belle villa, deux ans avant sa mort. Comme j'allais entrer dans son salon, deux prêtres en sortaient.

Bourbaki me tendant la main me dit :

« Voyez-vous, ces bons prêtres qui sortent d'ici sont aujourd'hui, avec les braves compagnons d'armes comme vous, mes meilleurs amis. Avec eux et avec vous on peut au moins causer de Dieu et de la Patrie bien-aimée. »

Mon souvenir est toujours attendri quand je parle de Bourbaki, et laissez-moi, mon cher monsieur Bournand, vous remercier vivement d'avoir bien voulu écrire ces pages intéressantes et souvent émues sur la vie de mon regretté ami.

Colonel A. L***.

Après le maréchal Canrobert, voilà que Bourbaki s'en est allé vers Dieu.

Il a tenu une trop grande place dans notre histoire contemporaine pour que nous ne racontions pas avec quelques détails sa vie si longue et si bien remplie.

On verra, par les pages que nous publions, que le défunt fut un bon Français et que sa mort est un deuil pour la patrie.

L'héroïque général avait bien représenté ce qu'on appelle la « vieille armée », l'armée éternelle pour qui le régiment est une famille, où pieusement se conserve *la vieille relique du drapeau*.

Ce qui distinguait surtout la valeur militaire de l'ancien soldat d'Afrique, du glorieux chef de la garde impériale, du combattant malheureux de l'armée de l'Est, c'était sa bravoure toute française, sa vaillance que rien ne décourageait. Il fallait le voir au milieu du combat, brandissant son épée avec une fougue qui électrisait ses soldats, quand bien même ils n'entendaient pas ses paroles. C'était ainsi qu'il savait crânement enlever ses hommes sous le soleil brûlant d'Afrique, au milieu des brumes glaciales de Crimée, sous le feu des batteries autrichiennes en Italie, devant les masses noires des innombrables Prussiens qui se dressaient devant une poignée de héros.

Rappelons que s'il eut un instant de défaillance au moment des tristes épreuves de l'année terrible, il le racheta par une fin dignement chrétienne.

Il faut saluer ici avec tristesse et aussi avec recueillement, au nom du vieux drapeau, du drapeau d'Iéna, de l'Alma, de Solférino, de Gravelotte, de Villersexel, le glorieux soldat qui est mort et que pleure sa patrie en deuil.

François Bournand

Mortiers, 8 septembre 1898.

LE
GÉNÉRAL BOURBAKI

I

La famille de Bourbaki. — Santer Bourbaki. — Un pilote. — Joseph Bonaparte.
Mme Bernadotte. — Un message. — Entreprise périlleuse. — Le général Bona-
parte. — Le consul de Céphalonie. — Constantin Bourbaki. — Un aide de camp.
— Le colonel. — Sous la seconde Restauration. — Une rencontre au pistolet. —
L'insurrection de Grèce. — Les jeunes années. — Charles-Denis Bourbaki. — Le
colonel de Rumigny. — Au collége royal de la Flèche. — A l'École militaire de
Saint-Cyr. — Sous-lieutenant au 59e de ligne.

> Il nous vient du sol sacré des Hellènes, berceau des
> arts et des vertus...
>
> (P. MICHELET.)

Le grand-père du futur commandant de la garde impériale était
un pilote de Céphalonie du nom de Santer Bourbaki.

Ce pilote faisait de fréquents voyages entre l'archipel et Marseille.

Il était en relation, dans cette dernière ville, avec M. Clary, dont
une des filles avait épousé Joseph Bonaparte et dont l'autre devait
devenir d'abord Mme Bernadotte, puis la reine de Suède. Par l'entre-
mise de M. Clary, Santer Bourbaki fit connaissance avec Joseph
Bonaparte et devint rapidement son intime ami.

Le riche mariage de Joseph avait excité l'envie de ses frères et
même du futur empereur, dont l'ambition fut un moment d'imiter
« l'heureux coquin » en épousant aussi une demoiselle Clary.

Lorsque la fortune eut souri à Napoléon Bonaparte, son aîné
devint un de ses plus chauds partisans ; le jeune général en fit son

confident et resta sans cesse en correspondance avec lui. Il le chargea de surveiller ses intérêts en France lorsqu'il alla prendre le commandement de l'armée d'Égypte.

Quand les fautes du directoire eurent compromis le régime, Joseph Bonaparte, devinant le parti que son frère pouvait tirer de l'état des esprits, chercha à lui faire connaître la situation de la France. Mais il était difficile de faire parvenir de telles informations, le secret était nécessaire, et l'on ne pouvait user des navires français; il fallait une longue traversée et la mer était sans cesse sillonnée par des croisières anglaises. Joseph Bonaparte songea alors à son ami Santer Bourbaki, vieux routier de la Méditerranée, en apparence étranger par sa nationalité gréco-turque aux querelles de la France et de l'Angleterre; il le décida à se charger du message par lequel il conseillait le retour au vainqueur d'Aboukir.

L'entreprise était périlleuse, mais le marin grec sut la mener à bien. Monté sur un petit navire qui avait Beyrouth pour destination avancée et arborait un pavillon neutre, il gagna la côte de Syrie et effectua sur cette côte un difficile voyage, ne perdant jamais la terre de vue afin de pouvoir se jeter dans une anse ou un port à la première alerte. Il eut la chance inouïe de ne rencontrer aucun croiseur anglais, aucun corsaire, aucun de ces pirates qui profitaient de ces temps troublés pour écumer la Méditerranée. D'ailleurs, eût-il été pris, que ses dépêches auraient été difficilement saisies; elles étaient enfermées dans une enveloppe de plomb que Santer Bourbaki devait jeter à la mer si son bâtiment était capturé.

Il atteignit enfin Alexandrie et put remettre à Bonaparte les lettres de Joseph et de Lucien. Peu de temps après, le général quittait l'Égypte pour la France, et accomplissait le coup d'État du 18 brumaire. Avant de s'embarquer il avait promis à Santer Bourbaki de le nommer consul à Céphalonie, son île natale, mais il oublia cette promesse. Joseph Bonaparte dut la rappeler à Talleyrand en 1802. Joseph disait : « Le citoyen Bourbaki était en Égypte, il y a trois ans, un émissaire plein de zèle et de bonne volonté. » Peu de temps après le marin grec devenait gravement malade; se sentant mourir, il écrivit à Bonaparte, devenu empereur, pour lui recommander ses deux fils. Napoléon se souvint alors; il fit entrer le plus jeune dans la diplomatie et lui confia le consulat de Céphalonie. L'aîné, Constantin Bourbaki, fut admis à l'école de Fontainebleau, pépinière d'officiers. Grâce à Joseph Bonaparte, qui n'oublia jamais le grand service rendu, Constantin avança rapidement; il devint colonel du

4ᵉ régiment d'infanterie légère et aide de camp de son protecteur, promu roi d'Espagne.

« A la Restauration, le colonel Constantin Bourbaki dut abandonner l'armée; il resta sans doute auprès de son protecteur, car Joseph Bonaparte s'adressa à lui quand il voulut prévenir l'empereur que le séjour de l'île d'Elbe ne lui serait bientôt plus permis, les alliés voulant l'interner plus loin encore. La situation de la mer était semblable à celle de 1799. Des croisières françaises, sardes et anglaises surtout, formaient autour de l'archipel toscan un réseau de surveillance; Joseph demanda au colonel Constantin Bourbaki d'imiter son père et de traverser les lignes.

« Le colonel devait trop à l'ex-roi et à Napoléon pour hésiter. Il se rendit à Gênes, loua une felouque, se déguisa en marin génois, et avec un seul homme, par une nuit noire et brumeuse de février 1815, il réussit à aborder dans la rade de Porto-Ferrajo. Il était aussitôt introduit près de Napoléon, lui rendait compte de sa mission, et la même nuit remettait à la voile par une mer houleuse qui lui permettait de franchir une fois encore les croisières anglaises et de rentrer à Gênes. Peu de temps après, Napoléon débarquait au golfe Juan et reconstituait son armée, dans laquelle le colonel Constantin Bourbaki reprenait sa place.

Quand vint la seconde Restauration, mis à la demi-solde, il se retira à Pau. C'est là qu'il reçut un jour du général commandant la division de Bordeaux une communication qu'il trouva blessante pour sa dignité. Sans hésiter, le colonel Bourbaki prit immédiatement la direction de Bordeaux. Il se présenta à l'hôtel de la division et demanda à voir le général pour obtenir la réparation à laquelle il avait droit. Un jeune aide de camp lui dit d'un air moqueur :

« Il est inutile que vous voyiez le général, c'est moi qui suis l'auteur de cette communication. »

Et le colonel lui répondit :

« Puisque c'est vous, veuillez recevoir cette paire de claques. »

Et il le gifla.

Une rencontre au pistolet eut lieu le lendemain. L'aide de camp tira le premier et blessa le colonel Bourbaki à l'aine. Celui-ci, abaissant alors son arme, dit à son adversaire :

« Vous m'avez blessé, vous êtes mort. »

Le coup partit, et le jeune aide de camp tomba foudroyé. Arrêté par l'autorité militaire, le colonel Bourbaki fut enfermé au fort de Lourdes. Il y fit un assez long séjour. Après la révolution de 1830, il prit part à la tête d'un corps de Français à l'insurrection de Grèce. C'est là que, fait prisonnier par les Turcs, il fut décapité.

Charles-Denis Bourbaki était devenu orphelin de père à l'âge de douze ans.

Ce fut le colonel Marie-Théodore, vicomte de Rumigny, qui devint son tuteur.

Le vicomte était alors aide de camp du duc d'Orléans.

Lorsqu'en 1830 ce dernier fut porté sur le trône, le colonel de Rumigny profita de l'élévation de son protecteur pour obtenir du roi Louis-Philippe l'admission, avec bourse et trousseau, du jeune Bourbaki au collège royal militaire de la Flèche.

Eugène Bourbaki y entra le 19 novembre 1830.

A cette époque-là on entrait au collège royal militaire de la Flèche entre onze et douze ans, pour en sortir à dix-huit ans révolus.

Bourbaki travailla beaucoup au collège, et chaque année, aux examens, de brillants succès avaient couronné ses travaux.

Le 22 août 1834, il était félicité par l'inspecteur général du collège, le lieutenant général de Schramm, en présence de l'évêque du Mans et du savant Lefébure de Fourcy, qui se trouvait alors en tournée d'inspection dans le département de la Sarthe.

Le 15 novembre 1834, l'élève Bourbaki était reçu à l'École militaire de Saint-Cyr avec le numéro 13.

Deux ans après, le 12 octobre 1836, il en sortait sous-lieutenant au 59ᵉ de ligne.

---

[1] De Rumigny devint maréchal de camp en 1831, et lieutenant général le 21 juin 1840. En 1845 il était aide de camp du roi Louis-Philippe.

II

LES JOURS DE GLOIRE. — EN AFRIQUE

A Bône. — La vieille armée d'Afrique. — Une page de Daudet. — Les guerres d'Afrique. — Gloires militaires. — Premier siège de Constantine. — Les zouaves du colonel Lamoricière. — Au bataillon Cavaignac. — Devant Sétif. — A l'ordre de l'armée. — Le camp d'El-Hadj-Mustapha. — Une lettre au commandant Molière. — Le capitaine du 1er zouaves. — En marche. — Le chef du bureau arabe de Blidah. — Aide de camp du roi Louis-Philippe. — Lettre du général Comman. — Bourbaki nommé chef de bataillon. — Au bataillon des tirailleurs algériens. — La réorganisation des turcos. — Un chant militaire. — *Dans les maquis...*, une improvisation. — Le siège de Zaatcha. — La lutte. — Une anecdote. — Bourbaki nommé lieutenant-colonel. — Les zouaves. — Une lutte d'embuscades.

Ah ! terre merveilleuse, ah ! beau pays de France,
Dont le nom dit : franchise, et l'histoire : espérance !
(Eugène MANUEL.)

Après avoir reçu son brevet, le sous-lieutenant Bourbaki se hâta de se mettre en route pour rejoindre le troisième bataillon de son régiment qui se tenait en garnison à Bône, en Algérie, depuis quelque temps.

Le 59e de ligne, où il débutait, était commandé par le colonel Petit d'Hautevive.

Bourbaki allait donc entrer dans cette vieille armée d'Afrique, qui n'est plus aujourd'hui qu'un souvenir, à cette armée des guerres d'Afrique sur laquelle Ernest Daudet a écrit dernièrement ces belles pages :

« De ces épopées glorieuses maintenant éloignées de nous, dit-il, moins encore par le nombre des années écoulées depuis que par tant d'autres événements d'un certain caractère plus douloureux pour notre orgueil national, il ne semble pas que les générations contemporaines aient gardé un bien vivant souvenir, ni qu'elles se

2

soient bien vivement appliquées à en révéler la grandeur et l'importance à celles qu'elles ont eu le devoir d'élever et d'initier à la vie
et à notre histoire. Combien de gens pourraient-ils raconter le premier siège de Constantine, cette retraite que Changarnier immorta-
lisa, la bataille d'Isly, la capitulation d'Abd-el-Kader et tant d'autres
faits d'armes auxquels sont à jamais attachés, comme le nom d'un
grand acteur aux rôles qu'il a créé, les noms de Cavaignac, de
Lamoricière, de Bedeau, de Yusuf, de Saint-Arnaud, de Mac-Mahon,
de Canrobert, de d'Aumale, celui de Bourbaki et tous ceux que
j'oublie.

« Qui connaît, parmi les jeunes, cet admirable Bugeaud, dont
les débuts dans l'armée remontent aux grandes guerres du premier
empire, et qui, plus qu'aucun des généraux que je viens de nommer,
rappelait les plus vaillants soldats de ces temps devenus légendaires.
Il faut que quelques-uns de ces héros dont le nom est dans les
bouches, sans que leurs actions soient dans les mémoires, vienne
à disparaître, pour que les journaux et surtout le public s'occupent,
la durée d'un jour, des mémorables choses qu'ils ont faites. Ce n'est
pas indifférence pour ces souvenirs épiques, mais impossibilité d'en
conserver tous ceux que le passé nous a légués. Nous vivons, et
d'une vie si pleine, si tourmentée, si fiévreuse; tant d'événements
nous préoccupent et nous pressent, que nous en arrivons à ne nous
rappeler en quelque sorte qu'au jour le jour, au fur et à mesure que
sous la poussée d'un fait imprévu les choses oubliées redeviennent
actuelles, et nous ne nous les rappelons alors que pour les oublier
de nouveau dans le confus pêle-mêle de celles qui se produisent
ensuite.

« Il n'en est pas moins vrai cependant que ces guerres d'Afrique,
faisceau unique en son genre, mériteraient qu'on s'en souvînt
davantage, et que la mémoire en fût un peu mieux entretenue
à raison de l'influence qu'elles ont exercée sur les temps qui les ont
suivies.

« La conquête d'Alger, qui bien plus que les ordonnances de 1830,
des mesures coupables arrachées par quelques hommes incorri-
gibles et illuminés à la faiblesse d'un roi vieux et affaibli, constitue
le testament de la Restauration. Cette conquête ne fut pas seulement
importante parce qu'elle nous donnait un empire, mais encore
et surtout parce qu'elle s'opéra malgré l'Angleterre et prouva
à l'Europe que la France vaincue quinze ans avant et paralysée
depuis par les traités de la Sainte-Alliance, était de force à secouer

les entraves que ses vainqueurs d'un jour avaient mises à ses pieds.

« A la faveur de ces journées de juillet, où les Bourbons payèrent

Abd-el-Kader se rend à Lamoricière.

de la perte de leur couronne l'aveuglement du dernier d'entre eux, on n'a pas rendu assez de justice à la politique vraiment nationale qui dicta l'expédition d'Alger, et voulut aller jusqu'au bout de ses résolutions en dépit des Anglais. Et de même aujourd'hui, n'en rend-on pas une suffisante à ces généraux qui conquirent leurs grades et leur gloire en combattant les Arabes, et qui complètent l'œuvre de la Restauration. Elle avait donné Alger à la France.

« Ces merveilleux hommes de guerre fixèrent par la conquête, en les reculant sans cesse, les frontières du pays où nous étions arrivés sans qu'on fût même d'accord sur la question de savoir si nous y resterions. Et ce ne fut pas l'unique service qu'ils rendirent à la patrie. Elle leur dut encore de posséder en un jour donné une armée forte, et « dont tous les éléments étaient cousus entre eux », et une légion d'officiers vaillants et aguerris. Je sais bien qu'il est maintenant devenu à la mode de la dénigrer, cette armée d'Afrique. On ne veut plus la juger qu'à travers les désastres de 1870. On oublie qu'avant d'être vaincue sous Metz, car c'est là qu'elle était presque tout entière, elle avait été victorieuse en Crimée, en Chine, en Italie; on oublie surtout qu'en 1870 elle ne fut pas vaincue, mais livrée, et que tant qu'elle eut la liberté de combattre et la conviction qu'elle combattait pour vaincre et non pour favoriser les ambitions criminelles de son chef, elle fut héroïque. Demandez aux Allemands comment ils jugeaient les soldats de Rezonville, de Borny, de Gravelotte, de Mars-la-Tour, et ils vous répondront que ces soldats étaient incomparables.

« Quant aux autres, ceux de Sedan, ils n'avaient pas au même degré la marque africaine; ils étaient plus mêlés, moins endurcis, moins préparés; je ne parle pas de ce qui vint ensuite, chefs et soldats; il y avait là plus de patriotisme que de science ou d'habitude de la guerre. Si vous voulez juger de la valeur des combattants que nous devions aux campagnes d'Algérie, c'est à Metz qu'il faut chercher les éléments de comparaison.

« On a dit encore que ces vieux Africains s'étaient accoutumés en combattant les Arabes à ne pas se garder. On a même rappelé les recommandations incessantes que le duc d'Aumale adressait à ses généraux pour les mettre en garde contre les surprises de l'ennemi dont ils ne se défiaient pas assez. On a allégué que si, en 1870-1871, nos troupes tant de fois se laissèrent surprendre, c'est qu'en Afrique elles s'étaient déshabituées de se garder.

« Tout cela est bien exagéré pour ne pas dire plus. Oui, sans doute, nos troupes en campagne ne se gardent pas assez; mais ce défaut ne date pas de l'Afrique, ou plutôt, si l'on peut établir qu'il en date, c'est à la condition de remonter aux croisades dont l'histoire est pleine de circonstances où les chrétiens ne furent défaits par les infidèles que faute d'avoir su se garder.

« Au temps de Turenne et de Condé, sous la Révolution, sous l'Empire même, les armées françaises encoururent ce même reproche, et ce n'est pas durant les guerres d'Afrique qu'elles commencèrent à le mériter. Il m'a semblé que la mort de Bourbaki donnait quelque actualité à ces constatations. Nous ne sommes pas assez soucieux de nos gloires. Nous inclinons trop souvent à les diminuer, à les dénigrer; la vérité commande de proclamer que l'Algérie nous a donné une armée superbe et des généraux dignes de la commander. »

Avec le 59e de ligne, Bourbaki prit part au premier siège de Constantine. Son régiment faisait partie de la brigade de Rigny.

Pendant toute cette campagne, qui dura dix-sept jours, le sous-lieutenant Bourbaki avait su montrer une fière attitude devant le danger, et sa bonne humeur était restée toujours la même malgré les privations et les ennuis de toutes sortes.

En 1837, au mois de mars, le 59e de ligne rentrait en France, et Bourbaki profita d'une vacance existant dans le corps des zouaves du colonel Lamoricière pour s'y faire admettre.

Le 23 décembre de la même année, il passait avec un grade au bataillon Cavaignac, qui tenait alors garnison à Tlemcen; il rejoignit son nouveau corps le 4 avril 1837.

Il n'assista pas au second siège de Constantine.

Le 21 décembre de l'année suivante, Bourbaki fut nommé lieutenant et mis en non-activité quelque temps après, par suite de la suppression du bataillon de Cavaignac.

Bourbaki passa alors au 24e de ligne, tenant garnison à Sidi-bel-Abbès, mais il ne s'y rendit pas.

On le détacha de son régiment pour venir comme lieutenant aux compagnies turques de Constantine, qui, sous les ordres du commandant Molière, devaient protéger les convois qui se rendaient à Sétif.

Le 5 mai de l'année 1839, le bataillon turc où se trouvait Bourbaki fit partie d'une colonne qui, sous les ordres du général Galbois, devait se porter sur Djijelli.

Le 8 mai, le camp retranché en avant de Sétif ayant été l'objet d'une attaque de huit mille Arabes, le lieutenant Bourbaki engagea sa compagnie, et l'élan de ses soldats fut tel que l'ennemi se retira en désordre.

Le 11 mai, la lutte recommença avec un égal acharnement, et l'ennemi fut obligé de se disperser à la hâte.

Et voici dans quels termes le commandant Molière parle à ce sujet du lieutenant Bourbaki, proposé pour la croix de la Légion d'honneur et cité en même temps à l'ordre de l'armée :

« Sétif, le 30 mai 1840.

« Jeune officier d'une haute intelligence et de la plus impétueuse bravoure; destiné à un bel avenir militaire; a pris une part brillante à la redoute du 62ᵉ, les 9 et 11 mai, où il engageait à fond sa compagnie contre un ennemi très supérieur en nombre, avec une extrême hardiesse et une entente remarquable du terrain. Cité à l'ordre de l'armée le 16 mai 1840.

« Le commandant des tirailleurs et des spahis.

« Alexandre MOLIÈRE. »

Le 1ᵉʳ septembre, le colonel Levasseur voulut tenter un coup de main sur le territoire des Ouled-Mabeth, où se trouvait le camp d'El-Hadj-Mustapha. Les troupes ne tardèrent pas à rencontrer la cavalerie, puis l'infanterie ennemies.

Le bataillon turc s'élança. Bourbaki eut dans cette charge un cheval tué sous lui, et reçut à la jambe gauche une balle qui lui occasionna une blessure dont il ne put jamais guérir.

Cette brillante affaire ayant fait rentrer dans l'ordre les tribus révoltées, le bataillon turc revint à Constantine. Le commandant Molière, nommé lieutenant-colonel au 24ᵉ de ligne, fut remplacé par l'aide de camp du général Wegné, le capitaine Thomas.

Malgré le départ de son ancien chef, Bourbaki était resté en relations avec le commandant Molière, et comme ce dernier lui avait écrit pour lui demander des nouvelles des troupes indigènes, voici la lettre que lui répondit Bourbaki, le 25 décembre de l'année 1841.

« Mon colonel,

« Je suis vraiment peiné que vous ayez pu supposer un seul instant que j'avais pu prendre sous *mon bonnet* de vous demander de la part du général de Galbois, si vous vouliez accepter la belle tâche de présider à l'organisation des corps indigènes de l'Afrique. Je n'ai jamais commis d'étourderies de ce genre, ce serait me supposer une tendance à vouloir me donner un importance que je n'ai pas, et, grâce au Ciel, aucun acte de ma vie ne peut faire supposer une chose aussi misérable.

« Malheureusement, mon colonel, le gouverneur ne part pas ; le général de Rumigny va probablement rentrer en France. Ce départ est un chagrin pour moi, en ce sens qu'il eût donné aux corps turcs une puissante organisation, et il est à craindre que, malgré les ordonnances royales, ses successeurs ne fassent guère mieux que vous n'avez fait à l'époque où, dans la province de Constantine, vous avez conservé la vie à un bataillon que le mauvais vouloir, l'intrigue devaient étouffer en peu de temps. Ce brave

Les troupes ne tardèrent pas à rencontrer la cavalerie, puis l'infanterie ennemie.

bataillon est toujours bien beau, il se conserve intrépide et bon marcheur.

« Malgré tout mon amour pour le bataillon indigène, je commence à désespérer de m'y retrouver sous les ordres d'un chef comme vous. Aussi, prenant les choses au sérieux, je crois que, sur la demande du colonel Cavaignac, je vais rentrer aux zouaves. Il a eu la bonté de me faire les premières avances, et j'en profiterai. Vous ne pouvez pas savoir combien le souvenir de votre commandement est une chose sainte pour tous les anciens officiers de votre bataillon.

« A chaque *polichinade* de vos successeurs, qui, certes, ne sont pas méchants, on se rappelle ce que vous faisiez dans des circonstances analogues ; l'on se réunit et l'on vous regrette. Duchaine et Poujol, avec qui j'ai passé la matinée, vous présentent leurs respects. Je n'ai pas besoin de vous dire, mon colonel, tout le plaisir que j'ai eu à lire votre bonne lettre. Chaque conversation et chaque lettre que je reçois de vous m'agrandissent, nettoient des doutes dans mon esprit et me font comprendre et saisir certaines questions qui m'étaient étrangères. Si vous n'êtes pas fatigué de vos bontés pour moi écrivez-moi de temps à autre; je n'oublierai rien de ce qui se passera sous mes yeux. Croyez, mon colonel, que je suis très fier de votre amitié pour moi et que je tâcherai de m'en montrer digne.

« Je vous prie de présenter mes respectueux hommages à Mme Molière, un baiser à vos enfants.

« Je suis avec respect, mon colonel, votre affectionné et tout dévoué serviteur,

« Charles Bourbaki. »

En 1842, le 20 janvier, Bourbaki passait comme capitaine au premier bataillon des zouaves qui allait faire partie de la colonne du général de Ber.

Le 1er avril, ce bataillon se mit en route et n'arriva à Blidah que le 16. Journellement, les zouaves s'étaient signalés par leur audace en échangeant des coups avec les Arabes.

En 1844, le 16 février, le maréchal Bugeaud, gouverneur de l'Algérie, appréciant les services que pouvait rendre le capitaine Bourbaki dans les affaires arabes, le nomma chef du bureau arabe de Blidah. Bourbaki avait pour mission d'assurer la réussite des essais de colonisation entre Médéah, Milianah, Cherchell, Aumale et Alger. Il rendit de si grands services, qu'il eut l'honneur d'être présenté au duc d'Aumale et que le roi Louis-Philippe l'appela auprès de lui pour servir comme officier d'ordonnance, attaché à sa personne le 12 novembre 1845.

Il y avait à peine six mois que Bourbaki était à Paris, que le général Comman, qui commandait la subdivision de Blidah, écrivait la lettre suivante au maréchal Bugeaud, duc d'Isly.

« Blidah, 5 mai 1849.

« Monsieur le maréchal,

« Ce n'est pas par intérêt personnel que je vous écris, mais pour vous prier de faire revenir le capitaine Bourbaki au bureau arabe de Blidah, puisque je ne dois pas rester ici; mais il s'agit là d'un intérêt général. Nulle part cet officier ne fera mieux qu'ici et ne sera plus nécessaire. Je ne vous fatiguerai pas, monsieur le maréchal, en vous donnant mon avis à ce sujet; il me suffira de vous dire que *je le crois absolument nécessaire.*

« Je suis, avec un respectueux attachement, monsieur le maréchal, votre dévoué et vieil ami,

« COMMAN. »

Quelques jours après, le duc d'Isly demandait au roi Louis-Philippe de rendre à l'Algérie le jeune capitaine. Bourbaki venait reprendre son poste à Blidah au mois de juin, et le 28 août il était promu chef de bataillon d'infanterie légère d'Afrique.

Le 9 octobre suivant, il passait au bataillon de tirailleurs algériens de Constantine, où il remplaçait le commandant Thomas, qui venait de passer lieutenant-colonel.

Étant chef de bataillon, Bourbaki fut chargé de la réorganisation des tirailleurs algériens, des « turcos », enrégimentés plus tard par Wimpffen, qui les conduisit en Crimée, où ils se montrèrent dignes de combattre à côté de leurs éternels rivaux, les zouaves.

Bourbaki donna une telle allure à sa nouvelle troupe, que l'on chanta bientôt en Afrique les mérites du jeune organisateur :

> Dans les maquis, dans les bois, dans la plaine,
> Ils vont sans gêne
> Et sans soucis,
> Comme en pays conquis !
> Ce chic exquis,
> Par les turcos acquis,
> Ils le doivent à qui ?
> A Bourbaki,
> A Charles Bourbaki !

On raconte à ce propos que Bourbaki, entendant un jour un de ses troupiers, un Parisien, chanter à tue-tête ce couplet, se récria vivement, et, s'adressant à ceux qui marchaient derrière :

« Non, messieurs, dit-il. Oh! non, pas à moi tout seul, et je réclame à chacun son compte!... Et ma modestie effarouchée... »

Alors le troupier, sans s'émouvoir, faisant une variante, s'écria de sa plus belle voix :

> Ils le doivent à qui ?
> A Bourbaki,
> Ou je ne sais à qui !

Pendant qu'on se tordait derrière.

Rappelons, d'ailleurs, la naissance de cette chanson :

Le nouveau chef de bataillon avait offert un punch à ses officiers, au café de Si-Lakdar, dans le quartier arabe de Constantine :

Dans cette réunion, le sous-lieutenant des turcos, Artus, improvisa les deux couplets suivants, qu'il chanta sur l'air de la retraite :

> Gentil turco,
> Quand autour de ta boule,
> Comme un serpent, s'enroule
> Le calicot
> Qui te sert de shako,
> Madam' Nicot,
> Sans te dire nisco,
> Aboule son fricot.
> Voilà l'turco,
> Turco, turco, bono.
>
> Quand un turco
> Part joyeux pour la guerre,
> Bravant ciel et terre,
> Le siroco
> Mêm' lui paraît frisco,
> Et l'Arbico [1],
> Qui tremble dans sa peau,
> Dit : Je paierai l'impôt,
> Voilà l'turco,
> Turco, turco, bono.

Les officiers applaudirent.

« Et le commandant? s'écria tout à coup l'un d'eux.

— On demande le couplet du commandant, dit un autre.

— Pas de turcos sans Bourbaki, » cria un troisième.

Alors Artus entonna le couplet suivant :

> Dans les maquis,
> Dans les bois, dans la plaine,
> Ils sont sans gêne
> Et sans soucis,
> Comme en pays conquis.
> Eh bien, ce chic exquis,
> Par les turcos acquis,
> Ils le doivent à qui?
> A Bourbaki,
> A Charles Bourbaki.

Tous les officiers applaudirent, les verres s'entrechoquèrent et le commandant Bourbaki, quittant sa place, alla serrer nerveusement les mains de l'improvisateur. Puis, le silence rétabli, le lieutenant

---

[1] Nom générique que les Français ont donné aux Arabes.

Duchaine, un ancien collègue de Bourbaki au bataillon de tirailleurs d'Alger, entonna d'une voix de stentor les couplets suivants :

> Bientôt l'turco,
> Au sein du tintamarre,
> Dans la bagarre,
> Au premier rang,
> S'élance bondissant ;
> Tournant le dos,
> L'ennemi dit tout haut :
> Il fait ici trop chaud,
> Voilà l'turco,
> Turco, turco, bono.
>
> Quand d'un turco,
> L'âme fière s'envole,
> Joyeuse et folle,
> Au paradis
> Par ses pères promis,
> Il dit tout bas,
> Sans crainte du trépas :
> La illah, Alla illa !

Cette chanson improvisée est aujourd'hui légendaire, et elle est devenue le motif d'une fanfare qui se joue dans la *Nouba*[1], comme dans nos musiques militaires françaises.

C'est à la tête de son bataillon de turcos que Bourbaki devait prendre part, en 1849, au siège de Zaatcha[2].

A cette époque, Zaatcha était un immense bouquet de palmiers six ou sept fois plus long que profond. Le village ressemblait à une véritable place de guerre ; des tours carrées s'élevaient de distance en distance, reliées par des maisons percées d'ouvertures triangulaires destinées à la dessiccation des dattes. Un chemin de ronde bordait un fossé plein d'eau, d'une largeur moyenne de six mètres et d'une profondeur de un à deux mètres. Une zaouïa[3] (hôtellerie), formée d'un groupe de maisons dominé par un minaret, existait alors à cent mètres de l'oasis et vers le milieu de sa longueur.

La colonne, sous les ordres du colonel Dumontet, se mit en route le 24 septembre, arriva à Batna le 27, où elle fut rejointe par le général Herbillon et la cavalerie. Le 4 octobre elle était à Biskra, s'y renforçait d'un bataillon de la légion étrangère, et se trouvait

---

[1] *Nouba* veut dire garnison.
[2] Au nord-ouest de Biskra.
[3] Zaouïa signifie littéralement un coin, un réduit, un ermitage ; c'est une sorte de chapelle bâtie sur le tombeau d'un marabout vénéré.

le 7 en face de Zaatcha et de Lichana, un des faubourgs de l'oasis.

Bourbaki reçut l'ordre de se porter avec son bataillon entre l'oasis de Forfar et celle de Tolga, de façon à empêcher les gens de cette dernière oasis de venir en aide aux défenseurs de Zaatcha. Ces deux points étaient garnis d'Arabes disposés à prêter leur concours à leurs voisins. Vigoureusement maintenus par le bataillon indigène, pendant que l'artillerie se mettait en batterie et tirait sur la zaouïa, les Arabes, de ce côté, durent se résigner à ne prendre aucune part à la lutte, que le colonel Carbuccia, du 2e étranger, allait soutenir en donnant l'assaut à la zaouïa, dès que le canon cesserait de se faire entendre.

Malheureusement, ce premier assaut fut infructueux. Nos légionnaires s'égarèrent dans les jardins, subirent des pertes considérables, et finalement durent se retirer en laissant plusieurs des leurs entre les mains de l'ennemi.

Il fallait prendre d'autres dispositions si on voulait réussir.

Dans la nuit du 7 au 8 octobre, l'artillerie construisit une batterie de trois pièces, à soixante-dix mètres en avant de la zaouïa. Le lendemain, elle ouvrait son feu à dix heures du matin. Quelques lézardes s'aperçurent bientôt dans les murs extérieurs de l'enceinte. Était-ce une brèche praticable? Il était difficile de s'en rendre compte exactement sans avoir fait une reconnaissance de la partie crevassée.

Le général Herbillon fit appeler le commandant Bourbaki et lui donna l'ordre de se porter en avant, avec trois de ses compagnies, pour s'assurer du véritable état des choses. En conséquence, les 1re, 2e et 3e compagnies du bataillon indigène se portèrent vers la droite et reconnurent que, de ce côté, la muraille était endommagée dans sa partie supérieure, mais ne présentait pas un passage suffisant pour donner lieu à un assaut immédiat. Néanmoins les turcos descendirent dans le fossé; mais, accueillis par un feu violent de mousqueterie, ils durent chercher un refuge dans les jardins, et les scènes de la veille se renouvelèrent. Les soldats de Bourbaki, ne pouvant plus être surveillés par leurs officiers, se dispersèrent dans des dédales inextricables, engagèrent une lutte où ils furent superbes de crânerie et de bravoure, mais qui devait fatalement se terminer par une retraite inévitable. Ils n'en avaient pas moins accompli des prodiges, au prix de sacrifices sérieux, trente-sept hommes hors de combat (cinq tués, dont le sous-lieutenant Dejoux et trente-deux blessés, parmi lesquels le capitaine Taverne).

Cette infructueuse tentative d'attaque de vive force démontrait l'inutilité et les dangers de tout nouvel effort de ce genre. Un siège en règle s'imposait; l'artillerie construisit de nouvelles batteries, le génie entreprit certains travaux de défilement, et on attendit de nouveaux renforts pour poursuivre une attaque directe de la place.

Le 12 octobre, le colonel de Barral[1], qui venait de parcourir les environs de Bou-Saâda, arrivait sous les murs de Zaatcha avec un bataillon de zouaves, un autre du 38e de ligne et de la cavalerie. C'était un renfort de quinze cents hommes. Ce renfort ne changea rien à la situation, si ce n'est que les travaux du génie furent poussés avec activité, de façon à préparer deux attaques : une au sud, praticable le 14 octobre; l'autre au nord, qui ne le fut que le 19. On était à vingt mètres de la contrescarpe. L'accès de l'enceinte paraissant possible, le général Herbillon prit l'avis des chefs de service, et décida qu'un nouvel assaut aurait lieu le lendemain. A cet effet, le colonel Dumontet reçut l'ordre de pénétrer par la brèche du nord avec le 43e; le colonel Carbuccia par celle du sud avec la légion, pendant que le bataillon d'Afrique à droite et le bataillon indigène à gauche tourneraient Zaatcha, pour l'isoler des autres oasis.

Le 20, vers six heures du matin, l'artillerie augmenta l'intensité de son feu; en même temps Bourbaki commença son mouvement, pénétra dans les jardins de gauche, de façon à intercepter toute communication entre Lichana et Zaatcha; il était couvert du côté de Tolga par la cavalerie du colonel de Mirbeck, du 3e chasseurs d'Afrique.

Dès que le général Herbillon fut informé de l'achèvement complet du mouvement prescrit au bataillon de Bourbaki, il fit sonner la charge, et les deux colonnes d'assaut se précipitèrent en avant, pour essayer de pénétrer dans la place. Les gens de Lichana voulurent porter secours à ceux de Zaatcha, ce fut impossible. Les turcos étaient là, leur barrant le passage. Partout ils furent repoussés et obligés d'assister à la lutte sanglante qui se livrait non loin d'eux.

L'attaque échoua de nouveau; il était une heure de l'après-midi, lorsque Bourbaki reçut l'ordre de rentrer au camp.

Il fallut renoncer à rien entreprendre avant l'arrivée de nouveaux renforts et des munitions.

Ces renforts, ce fut le colonel Canrobert qui les amena le 8 no-

---

[1] Joseph-Napoléon-Paul de Barral, colonel du 38e de ligne.

vembre; ils consistaient en un bataillon de zouaves, un autre du 16e de ligne et de la cavalerie.

A partir du 17 novembre, les travaux du génie furent poussés si activement, qu'au bout de quelques jours on se trouvait bien près d'arriver au but désiré, qui était un assaut décisif. L'ennemi, le sentant, devenait de plus en plus agressif, et, le 24, à onze heures du matin, il saisit le moment où l'on relevait les gardes de tranchée pour faire sur les lignes de l'attaque de droite (nord) une audacieuse sortie très habilement préméditée.

« Le commandant Bourbaki, qui eut à supporter le premier choc des Arabes, divisa sa troupe en deux groupes, tourna la position de l'ennemi, s'engagea dans les jardins, jusque sous les murs de Zaatcha, le poursuivant d'enclos en enclos, de jardin en jardin, jusqu'à la hauteur de la porte qui donne accès dans la ville.

« Tout était donc prêt pour un effort décisif. L'assaut fut fixé au 26 novembre. Il devait avoir lieu par trois brèches.

« Au point du jour, l'artillerie redoubla son tir : le bataillon indigène se massa à la zaouïa, se porta ensuite, à un signal donné, vers la face ouest du village, et prit position entre les extrémités de gauche des deux attaques nord et sud.

« A huit heures du matin, trois coups de langue de clairon firent connaître que l'investissement était terminé. Le général Herbillon fit sonner la charge, et toutes les troupes s'élancèrent, le colonel Canrobert à droite, le colonel de Barral au centre, le lieutenant-colonel de Lourmel à gauche.

« Cette attaque, menée avec une extrême vigueur, nous rendit enfin maîtres de Zaatcha.

« Pendant qu'une lutte sanglante se livrait à l'intérieur de la ville, le commandant Bourbaki était aux prises avec les gens de Lichana. Arrêtés sur tous les points, ils durent renoncer à l'espoir de secourir Bou-Zian. Le fanatisme les animait d'une telle ardeur, qu'ils combattirent avec une sauvage énergie et ne se retirèrent que lorsqu'ils eurent acquis la certitude que Zaatcha n'existait plus[1]. »

Rappelons ici cette anecdote.

Au début du siège de Zaatcha, les capitaines du bataillon de tirailleurs que commandait le futur général se plaignirent d'un jeune

---

[1] *Bourbaki en Algérie*, par le commandant Grandin.

sous-lieutenant tout frais émoulu de Saint-Cyr, et qui semblait montrer au feu une faiblesse déplorable.

Bourbaki, qui n'avait pu vérifier le fait par lui-même, répondit à ses officiers que l'accusation était bien grave et qu'il fallait attendre avant de rien décider. Puis il les pria de le laisser seul diriger l'affaire. Peu après, le bataillon monte à l'assaut de Zaatcha, assaut terrible s'il en fut. Devant les soldats s'élève un mur crénelé d'où part un feu des plus violents. Il faut enlever l'obstacle coûte que coûte. Bourbaki avise le jeune officier suspecté de couardise et

Le commandant Bourbaki était aux prises avec les gens de Lichana.

lui donne l'ordre de s'élancer à la tête de sa section à l'assaut du mur.

« C'est entendu, mon commandant, » répondit l'officier.

Et, sous un feu terrible, il entraîne ses hommes, et avec un admirable entrain s'empare de la position.

« Vous le voyez, dit Bourbaki aux capitaines le soir du combat; je suis plus sage que vous : au lieu de perdre cet homme, nous en avons fait un brave de plus. »

Le 28 novembre, la colonne levait le camp et se dirigeait sur Biskra. Bourbaki parcourut alors les pays des Ouled-Soltan et des Ouled-Abdi, puis les Amès, arrêtant les fauteurs de désordres.

Le 24 décembre il rentrait à Constantine.

A la suite de l'expédition de Zaatcha, Bourbaki fut cité à l'ordre de l'armée, puis, le 16 janvier 1850, il passa comme lieutenant-colonel au régiment des zouaves.

Il était alors sous les ordres du colonel d'Aurelles de Paladine, le futur commandant en chef de la première armée de la Loire dans la terrible guerre de 1870.

A propos de ces zouaves dont Bourbaki allait être l'un des chefs, laissons la parole au brave général du Barail.

« Les zouaves, a-t-il dit, sont relativement de création récente; mais qu'importe! La vieille Garde du premier Empire n'a eu, en réalité, malgré l'étendue et la puissance des souvenirs qu'elle a laissés, qu'une bien courte existence; et cependant, dès qu'il est question de gloire et d'honneur militaire, ce sont ces immortelles phalanges qui aussitôt apparaissent comme en étant la plus haute expression.

« La vieille Garde! les vieux zouaves! quels noms prestigieux! Quel est donc le cœur de soldat qui ne tressaillirait pas au récit de leurs exploits?

« Les zouaves étaient représentés dans la nouvelle garde impériale par un magnifique régiment formé sous les murs mêmes de Sébastopol avec l'élite de ces troupes admirables. Licenciés en 1871, lorsqu'après la chute de l'Empire la garde impériale fut supprimée, les zouaves de la garde, concurremment avec les débris des trois autres régiments, contribuèrent largement à l'organisation du 4e en lui versant tout ce que la guerre lui avait laissé d'hommes.

« C'est ainsi que le 4e de zouaves, dès le lendemain même de sa création, se trouva avoir toutes les qualités d'un véritable corps d'élite. Discipliné, pénétré du sentiment de ses devoirs, il montra en toutes circonstances qu'il avait une tradition à observer et un passé glorieux à soutenir.

« Ce fut le maréchal Clauzel qui, aussitôt après la prise d'Alger, nommé gouverneur général de notre nouvelle possession, eut l'heureuse et féconde inspiration de demander aux ressources locales les moyens de combler en partie les vides qu'allait produire dans son armée le rappel d'une notable fraction du corps expéditionnaire d'enrôlés volontaires.

« Ces deux bataillons, indépendants l'un de l'autre, eurent pour chefs le premier un officier d'état-major, le capitaine Maumet;

le second un officier de génie, le capitaine Duvivier. Le souvenir de ces deux remarquables officiers doit être conservé par l'armée d'Afrique, où leur nom resta si longtemps populaire.

« En parlant de l'élément indigène, qui entra pour une très large part dans la composition du corps nouveau, le capitaine Burkahard le définit ainsi :

« C'était un assemblage hétéroclite d'Arabes et de Berbères, de Coulouglis et de nègres. Les Kabyles de la confédération des Zouaouas y dominaient.

« C'étaient de vigoureux montagnards du Djurjura, réputés pour leur bravoure et leur endurance. Depuis des siècles ils vendaient leurs services aux princes barbaresques. Hier encore, ils étaient à la solde du dey d'Alger; aujourd'hui, ils allaient former le noyau le plus solide du nouveau corps, auquel ils imposèrent leur nom. Les zouaves étaient nés.

« Il est un détail d'organisation qui est peu connu et qui, dans l'état d'esprit où se trouvent aujourd'hui en France les hautes sphères gouvernementales, doit sembler fort piquant.

« Il entrait dans la composition des cadres des zouaves un membre du clergé musulman avec l'assimilation et la solde du grade de sous-lieutenant. C'est qu'en 1830 on n'était pas encore assez éloigné de l'époque de la campagne d'Égypte pour ne pas se rappeler les grandes leçons données par le général Bonaparte à ses lieutenants; leur recommandant, comme le meilleur moyen de s'attacher l'esprit des populations soumises, de respecter leur religion, leurs mœurs et leurs coutumes. On est un peu loin aujourd'hui de pareils principes; mais on peut dire que le véritable créateur de ce superbe corps des zouaves, qui, sous ses ordres, devait atteindre une si haute renommée, fut le futur général de Lamoricière.

« A peine fut-il question d'organiser un corps spécial dans lequel seraient admis des indigènes, le lieutenant de la Moricière demanda à en faire partie. Il y entra effectivement à la formation, avec le grade de capitaine, et, quatre ans après, en 1834, il le commandait comme chef de bataillon, puis successivement, suivant la transformation du corps, comme lieutenant-colonel et colonel. En 1840, après la campagne si meurtrière et si laborieuse du printemps, il recevait, en récompense de ses glorieux services, les étoiles de maréchal de camp. Il avait mis juste dix ans pour de lieutenant du génie devenir général.

« Le général de Lamoricière eut comme successeur, à la tête des zouaves, le colonel Cavaignac. C'est sous le commandement de celui-ci que, par une fiction administrative, l'ancien corps fut licencié pour être reformé le même jour sous le nom de régiment des zouaves, avec une organisation absolument semblable à celle de tout autre régiment français. Une disposition particulière établissait que les indigènes n'y seraient plus admis. On conserva cependant encore quelques vieux serviteurs qui ne voulaient plus quitter le drapeau sous lequel ils avaient combattu. On avait reconnu que le mélange de soldats français et de soldats indigènes, sauf pour les cadres, présentait certains inconvénients que l'on voulait empêcher de se produire. Mais comme on ne pouvait pas se priver d'un recrutement aussi essentiel et aussi bon que celui fourni par les gens du pays, on créa pour les recevoir trois bataillons de tirailleurs algériens, qui plus tard devinrent de magnifiques régiments et bientôt dés rivaux de gloire pour les zouaves.

« Au reste, si les anciens zouaves pouvaient s'enorgueillir de leurs beaux faits d'armes, le nouveau régiment n'eut bientôt plus rien à envier sous ce rapport à ses devanciers. Quand les premiers pouvaient citer avec fierté les grands combats des premiers temps de la conquête où ils avaient si vaillamment combattu, la Rétidja, le passage à travers l'Atlas par le fameux col de Mouzaïa, la prise de Bougie, l'assaut de Constantine, la prise de Médéah et de Milianah, et je ne sais combien d'autres affaires de guerre, les seconds pouvaient, dans le même sentiment, inscrire en lettres d'or sur leur jeune drapeau la Smala, Isly, Zaatcha, le Datna, la grande Kabylie et tant d'autres combats où ils avaient paru avec honneur sur le champ de bataille.

« C'étaient tous des hommes de grande valeur que les colonels des régiments de zouaves, et tous étaient destinés à parvenir aux plus hauts sommets de la hiérarchie. Après le colonel Cavaignac vint le général de Ladmirault, désigné certainement pour avoir le bâton de maréchal de France, si la guerre de 1870 n'était pas venue changer le cours de nos destinées. Canrobert succède à Ladmirault.

« Ici je m'arrête un instant pour citer cette superbe allocution adressée à ses soldats par le colonel des zouaves au moment de l'assaut de Zaatcha.

« Zaatcha, depuis plus de deux mois, tenait en échec les troupes de la division de Constantine, et de tous les points de l'Algérie

Canrobert (1854).

arrivaient des renforts pour réduire cette ville rebelle, dont l'insurrection menaçait sérieusement la tranquillité du pays.

« Le colonel Canrobert, commandant alors la subdivision d'Aumale, appelé un des premiers, amena son régiment à marches forcées, sans que le choléra, qui décimait ses troupes, pût refroidir leur ardeur.

« Zaatcha, protégée par la forêt de palmiers qui l'enveloppait de toutes parts, semblait pouvoir défier tous les efforts, et déjà deux attaques dirigées contre le corps même de la place avaient été repoussées avec grande perte pour les assaillants. Il fallait cependant en finir, et le général Herbillon, commandant les opérations du siège, avait formé trois colonnes d'assaut, afin de se rendre maître à tout prix de la ville, défendue avec la plus rare énergie par Si-Bouziam, le fauteur de la révolte. Le colonel Canrobert commandait la première de ces colonnes, le lieutenant-colonel de Lourmel la seconde, et le colonel Dumont était à la tête de la troisième, destinée à porter secours à celle des deux premières qui en aurait besoin.

« Au moment de se précipiter à l'assaut à la tête de ses admirables soldats, le colonel Canrobert se retourne, et, d'une voix qui pénètre jusqu'aux derniers rangs, il leur dit ces simples mots :

« — Zouaves, si aujourd'hui on sonne la retraite, ce ne sera pas pour vous!... En avant! »

« Et le premier il arriva sur la brèche, mais non sans avoir bravé le plus terrible danger. Des quatre officiers formant son état-major particulier deux étaient tués et les deux autres grièvement blessés. Des seize sous-officiers et caporaux de bonne volonté qui, derrière le colonel, tenaient la tête de la colonne, douze tombaient sous la première décharge, morts ou grièvement atteints. Mais la ville était prise malgré la résistance acharnée des défenseurs, qui refusaient de se rendre, quand déjà les zouaves les fusillaient du haut des terrasses. Ce beau succès honore également l'attaque et la défense; mais il coûta cher aux zouaves, qui, de leur côté, je crois, firent fort peu de prisonniers ce jour-là.

« Après Canrobert vint d'Aurelles de Paladine, le futur vainqueur de Coulmiers, et enfin Bourbaki, l'héroïque Bourbaki, que la France vient de perdre, et dont la noble carrière eut pour fin de cruels et d'injustes amertumes[1]. »

----

[1] Ceci était écrit le 30 octobre 1897.

Le colonel Bourbaki devait être le dernier colonel du vieux régiment, le 4e de zouaves.

Le 26 mars 1851, à la tête de ses zouaves, Bourbaki dirigea des opérations contre le chérif Bou-Bargla et, dans la nuit du 9 au 10 avril, attaqua le village des Beni-Scloum.

Le 18 juillet les zouaves retournaieut à Blidah.

Enfin, en 1853, le colonel Bourbaki assiste à l'expédition des Babers et fait partie de la 1re division, qui avait à sa tête le général de Mac-Mahon.

Ce fut une lutte d'embuscades, une lutte de ruses que ses zouaves engagèrent alors avec les Arabes. Ils adoraient d'ailleurs Bourbaki, qui s'intéressait sans cesse à ses hommes et s'occupait aussi bien de leur moral que de leurs besoins matériels.

« Si tu veux franchir un péril, disait-il un jour à un vieux sergent de zouaves, il faut jeter ton âme de l'autre côté. »

Mais nous voici arrivés à l'année 1854, où les zouaves vont être appelés à combattre en Europe.

Nous venons de dire que Bourbaki était populaire aux zouaves. On raconte à ce sujet que, pendant une inspection générale, le général inspecteur fut tout surpris de constater combien peu de punitions de prison figuraient sur les folios des zouaves du 1er, alors que ce nombre était assez grand dans les deux autres régiments.

Notre inspecteur, qui n'était pas né d'hier, curieux, chercha le pourquoi et trouva. Il paraît que, lorsque quelque zouave avait fait une bêtise, Bourbaki allait le trouver à la prison, retroussait ses manches et lui réglait son compte entre « quatre-z'yeux ». Pour ne pas avoir à passer par la main de Bourbaki, qui avait la poigne un peu dure, et éviter les quolibets des camarades de la chambrée les plus enragés se changèrent en petits saints. On raconte même qu'un beau jour Bourbaki se frotta à plus vigoureux que lui; l'affaire fut chaude, ce qui n'empêcha pas que la punition fut levée et que le récalcitrant se garda bien de recommencer.

III

> C'est dans les grands dangers qu'on voit les grands courages.
>
> (REGNARD.)

On sait que la France et l'Angleterre déclarèrent la guerre à l'empereur de Russie le 27 mars 1854.

En prévision de cette guerre, le colonel Bourbaki avait, dans un ordre du jour daté du 4 février 1854, prévenu ses zouaves que son régiment était appelé à former deux bataillons actifs pour entrer dans la formation de l'armée d'Orient.

Le 31 mai, Bourbaki s'embarquait avec son 1er zouave, à destination de Varna où il arriva le 3 juin.

A ce moment-là, le général Canrobert avait dû se rendre en reconnaissance dans la presqu'île de Chersonèse, et le général Espinasse[1] ayant pris le commandement de la division, il céda celui de sa brigade au colonel Bourbaki.

La campagne débutait mal, car dès les premiers jours du mois

---

[1] Ce dernier fut tué à Magenta le 4 juin 1859.

de juillet les divisions françaises et anglaises, réunies à Varna, se trouvèrent en présence d'un redoutable ennemi : le choléra.

L'attitude de l'armée fut admirable devant l'épidémie.

Dans ses rapports au ministre de la guerre, le maréchal de Saint-Arnaud vante l'énergie que tous opposent à l'invasion meurtrière.

« Partout, dit-il, je trouve la grande nation : un moral de fer, un dévouement au-dessus de l'admiration. Tout le monde se multiplie ; les soldats sont devenus des sœurs de Charité. »

De son côté, le R. P. Gloriat nous montre l'héroïsme chrétien sans cesse manifesté. Il écrit :

« Sous l'impression d'épouvante causée par le choléra, les sentiments religieux se raniment dans tous les cœurs ; les officiers sont les premiers à recourir à mon ministère et viennent me trouver à toutes les heures du jour et de la nuit. J'entends souvent leurs confessions en me rendant d'un hôpital à l'autre ; d'autres fois je les rencontre m'attendant dans les escaliers de l'hôpital. Je m'appuie sur la rampe ; ils se mettent à genoux sur une marche et reçoivent le pardon de leurs fautes. Quand ils m'aperçoivent dans les rues, ils descendent de cheval, me remercient affectueusement, et ajoutent presque toujours :

« — Ah ! mon père, si je suis atteint, ne manquez pas de venir au premier appel. »

« Parmi les premières victimes, on compte deux généraux de brigade, le duc d'Elchingen et M. Carbuccia. Leur mort fut sublime.

« Le duc d'Elchingen, fils du maréchal Ney, était un homme aussi distingué par l'élévation de son esprit que par la politesse exquise de ses manières. Le dimanche, il avait présidé à la messe militaire ; deux jours après, son aide de camp accourait auprès de moi en me disant :

« — Vite, monsieur l'abbé, auprès du général ; il vous demande, il est au plus mal. »

« Au moment où je me rendais dans sa chambre, le général me tendit la main en me disant, en présence de son état-major :

« — Monsieur l'aumônier, je tiens à ce qu'on sache que c'est moi qui vous ai fait appeler ; je veux mourir en bon chrétien. »

« Et il se confessa.

« Après avoir reçu l'absolution, il croisa ses mains sur sa poitrine, offrit à Dieu le sacrifice de sa vie, et lui adressa la prière la plus touchante pour sa femme et ses enfants. Vers trois heures de l'après-midi, je le trouvai assez mal pour lui administrer l'extrême-onction ; à huit heures, je pénétrai une dernière fois dans sa chambre : elle était remplie de tout ce que l'armée possède de plus distingué. Le général entrait en agonie; je me mis à genoux pour réciter les prières des mourants ; ses deux aides de camp étaient à mes côtés, tenant des flambeaux allumés. Au moment où je terminais, ce brave guerrier rendait son âme à Dieu au milieu des sanglots des assistants.

« Le général Carbuccia avait conduit le deuil aux obsèques du duc d'Elchingen, et trois jours après il le suivait au tombeau.

« C'était non seulement un intrépide militaire, mais encore un savant distingué. Pendant son séjour en Algérie, il s'était occupé de recherches archéologiques qui avaient attiré l'attention de l'Académie des inscriptions et belles-lettres, dont il avait été nommé correspondant. La veille de sa mort, je l'avais rencontré au moment où je me rendais à l'hôpital; quelques heures après il me faisait appeler. Il était Corse, et avait la foi ardente des habitants de cette île; il accomplit ses devoirs avec la plus tendre ferveur. »

Un témoin oculaire a écrit :

« Morts et mourants s'étaient entassés sous des tentes. L'artillerie ennemie n'avait pas grondé, et cependant les cadavres jonchaient le sol et les fosses se creusaient; les terres remuées répandaient à l'infini des émanations pestilentielles; souvent les bras qui entr'ouvraient la terre s'arrêtaient avant d'avoir fini leur œuvre, et celui qui tenait la pioche s'étendait silencieusement pour ne plus se relever sur le bord de la fosse entr'ouverte. Ceux qui vivaient encore étaient chargés sur des chevaux ou portés à bras par des soldats; les attelages d'artillerie étaient encombrés de malades. »

Devant une si épouvantable situation, il fallait à tout prix essayer de relever le moral des troupes, et le maréchal de Saint-Arnaud ordonna de pousser une vigoureuse reconnaissance contre les Russes.

Le même jour, le 1er zouaves, qui faisait partie de la division Espinasse, s'embarqua pour Kustindje.

Voici la lettre du maréchal de Saint-Arnaud, qui prescrivait ce mouvement :

« *Au général Espinasse, à Varna.*

« Général,

« Je vous adresse ci-joint un rapport du colonel Dessaint, qui rentre d'une mission à Rassowa par Kustendje. L'importance de ces renseignements sur les forces en cavalerie des Russes ne vous échappera pas. L'opération du général Yussuf doit être surtout une *reconnaissance rapide*, dont le meilleur résultat serait d'attirer l'attention de l'ennemi de ce côté et lui inspirer des craintes sur un mouvement dirigé vers sa ligne de retraite de la Valachie; l'enlèvement de quelques avant-postes rendrait ce succès aussi satisfaisant que possible; il importe de ne rien risquer en voulant faire plus.

« Telles sont mes dernières instructions. Le général Yussuf arrivera le 26 à Kustendje. Le 1er régiment de zouaves, les vivres destinés à Mangalia et à Kustendje partiront de Varna le 24 au soir, et seront, le 25, à Kustendje. Faites appuyer promptement sur ce point les trois autres bataillons de votre première brigade avec les deux batteries d'artillerie de votre division, et poussez votre deuxième brigade jusqu'à Kustendje pour être en mesure de bien appuyer le colonel Bourbaki et définitivement le général Yussuf. Lorsque les opérations du général Yussuf vous auront mis dans la nécessité de vous replier sur Mangalia, vous préviendrez le commandant du vapeur qui mouille devant Kustendje, qui devra regagner Varna en s'arrêtant s'il y avait lieu devant Mangalia. Vous m'annoncerez vous-même votre retour sur ce point, afin que je puisse vous y adresser mes ordres. »

Arrivé le 25 juillet à Mangalia, le général Espinasse y recevait de Yussuf la lettre suivante :

« Kustendje, le 26 juillet.

« Mon cher général,

« Je bivouaque à deux lieues de Kustendje où j'ai trouvé le colonel Bourbaki installé dans le village avec ses deux bataillons et fort occupé du débarquement des vivres. Je me suis mis immédiatement en communication avec lui. Les renseignements qu'il me donne concordent avec ceux que j'ai recueillis moi-même et sont d'ailleurs dans leur ensemble les mêmes qui ont été donnés au maréchal par le lieutenant-colonel Desaint.

« Il résulte de ces renseignements, qu'un détachement de douze cents hussards russes occupe Sarioul, village situé à douze lieues de Kustendje. Un corps assez nombreux de partisans moldaves, bulgares et cosaques, occupe Karra-Kerman qui n'est qu'à cinq heures de Kustendje ; je puis, par une marche rapide, tenter de surprendre les détachements établis à Kara-Kerman et Sérioul avec les spahis d'Orient, soutenus par les deux bataillons du 1er zouaves. C'est un coup de main qui peut réussir s'il est exécuté rapidement et vigoureusement, à la condition toutefois que nous parviendrons à dissimuler notre mouvement aux Russes en faisant une marche de nuit. L'opération ne demanderait que quarante-huit heures. Elle serait complète si votre division tout entière dépassait Kustendje et se portait en avant. Nous pourrions alors pousser beaucoup plus loin notre reconnaissance, et le coup de main sur les postes avancés de Kara-Kerman et Sérioul s'exécuterait bien plus sûrement.

« Je vous attends avec impatience pour causer de tout cela. Je pense que vous pourrez amener votre division jusqu'à Kustendje demain 27 ; mais, dans tous les cas, vous feriez bien d'y venir de votre personne, nous arrêterions de concert les opérations ultérieures.

« *Nous n'avons pas de temps à perdre dans le Dobrutcha.*
Recevez, etc.

« Général YUSSUF. »

Le 17 juillet, le général Yussuf ayant eu engagement avec les Russes à Kazalik, écrivait au général Espinasse :

« Kazalik, le 28 juillet, 11 heures du soir.

« Mon cher général,

« Nous avons eu avec les Russes une rencontre d'avant-garde à Kazalik. Le capitaine du Preuil, trouvant le village occupé par cent cinquante ou deux cents cosaques, les a franchement abordés avec quelques cavaliers. Une mêlée s'en est suivie. Les Russes ont eu six hommes tués et quelques blessés. Le capitaine du Preuil a eu un cheval tué sous lui et a été blessé de six coups de lance ; deux lanciers et spahis d'Orient ont été tués ; quatre spahis, dont deux français, ont été blessés.

« Prévenu trop tard de cet engagement, qui se passait à deux lieues de moi, je n'ai pu faire soutenir en temps utile le capitaine du Preuil, qui dans cette circonstance n'a écouté que son ardeur et son courage sans regarder derrière lui.

« Le régiment de zouaves m'a rejoint ce soir. Il était un peu fatigué, mais il a trouvé un bon bivouac, du bois et de l'eau excellente. Les Russes en se retirant ont abandonné quelques bœufs que j'ai

donnés au colonel Bourbaki, et sa troupe ne manque de rien. J'avait
envoyé en avant d'elle des *arabas* pour ramener les malades et fais
disposer dans le village une maison pour les recevoir. Je ne sais
ce que je ferai demain. Mes chevaux sont fatigués. J'agirai d'après

Le général Yussuf.

les circonstances et les renseignements que j'aurai de l'ennemi.
J'espère que vous arriverez demain avec votre division. Nous ver-
rions ensemble ce que l'on peut faire en tenant compte de la question du temps.

« Recevez, mon cher général, l'assurance de mes sentiments bien
affectueux,

« Général Yussuf. »

Espinasse se mit de suite en marche. En route, il recevait presque coup sur coup les deux lettres suivantes du général Yussuf :

« Kazalik, le 29 juillet, midi.

« Mon cher général,

« Mes avant-postes ont des cosaques en avant d'eux ; trois régiments russes sont dans les environs. Je marche contre eux avec ma cavalerie, douze cents zouaves et quatre pièces de canon. Nous tâcherons de les attirer, et, s'ils veulent nous attendre, nous pourrons avoir une belle journée. Je laisse à mon camp les hommes et les chevaux fatigués. Les zouaves marchent sans sacs. J'espère que vous serez ici ce soir avec quelques bataillons. Dans tous les cas, je rentrerai ce soir à mon camp. »

« Kazalik, 29 juille 1834, 8 heures du soir.

« J'ai fait aujourd'hui une reconnaissance offensive avec tout mon monde ; elle a produit de bons résultats. Nous avons eu affaire à quelques escadrons de cosaques qui ont été vigoureusement poussés. Une vingtaine de Russes sont restés sur le terrain.

« Les spahis d'Orient ont eu quelques blessés. Je vous donnerai des détails plus tard.

« En attendant, le choléra sévit avec une extrême rigueur sur les zouaves. En trois jours, le régiment a eu quarante-neuf cas, seize morts. Aujourd'hui ils ont eu vingt-sept cas, treize morts. Les spahis d'Orient ont eu aussi quelques cholériques. Je craindrais, en restant plus longtemps ici, d'être bientôt encombré de malades que je ne saurais comment transporter. Je me décide à partir demain pour Pallas.

« Envoyez-moi, je vous prie, cinquante *arabas* au-devant de moi. J'en aurai besoin si de nouveaux cas venaient à se présenter. »

Le 30, le général Espinasse écrivit au maréchal de Saint-Arnaud :

« Je me suis mis en route de Kazalik avec sept bataillons sans sacs et en allégeant mes bagages ; j'y suis arrivé vers une heure du matin, après une marche de près de huit lieues. J'ai trouvé ici le régiment de zouaves et les spahis d'Orient.

« Ce soir je me porte sur Pachagos, à l'extrémité du lac de Pallas, à quatre lieues et demie en arrière ; demain je serai de bonne heure à Pallas près de Kustendje, pour reprendre des vivres et évacuer des malades. Le 1er août, je commencerai mon mouvement vers Baldchik. Le général Yussuf est parti ce matin pour rétrograder sur Pallas. Les zouaves sont dans de bien mauvaises conditions sous le rapport sanitaire. Ils ont eu, cette nuit et ce matin, environ soixante-dix cas de choléra et une trentaine de décès.

« ESPINASSE. »

C'est alors que, pour ranimer le courage défaillant, Canrobert dictait avec son cœur cette superbe proclamation :

Soldats !

« La Providence en vous envoyant ce fléau a voulu éprouver votre courage, votre résignation. Ces vertus de l'homme de guerre ont été chez vous au-dessus du mal, dont il lui a plus de vous frapper. A l'exemple de vos pères, à Jaffa, vous avez montré devant le choléra le même front serein qui rendit les glorieux vainqueurs des Pyramides et du Mont-Thabor encore plus grands devant la peste qu'ils ne l'avaient été devant l'ennemi, et attira sur eux l'admiration de l'histoire.

« Je vous remercie, mes camarades, de votre dévouement. J'en rends compte à votre général en chef, dont la sollicitude vous suit, et qui, après avoir pourvu à vos besoins matériels, m'écrivait : « Je « vous loue du calme et de l'ordre qui ont régné dans votre colonne « au milieu des circonstances difficiles où se révèle la véritable « valeur de ceux qui commandent et de ceux qui obéissent. »

« Chefs et soldats, vous avez été ce que vous serez toujours, les enfants d'élite de la France, fermes devant le danger, sous quelque forme qu'il se présente, et sans cesse prêts à donner à votre patrie une existence qui lui appartient et qui est entre les mains de Dieu.

« Sous peu, nous aurons gagné des contrées saines, où votre santé sera complètement rétablie, et, après les regrets donnés à nos compagnons qui ont succombé, il ne nous restera plus de ces mauvais jours que le souvenir des vertus qu'ils ont fait ressortir en vous, vertus qui font l'orgueil et la consolation de votre général, et sont le sûr garant de votre prochain succès contre l'ennemi. »

Avec des peines infinies, le général Canrobert et le colonel Bourbaki firent transporter les malades et ramenèrent les débris des divisions jusqu'à Varna, où le fléau continuait à sévir.

Et comme si ce n'était pas assez de tous ces désastres, l'incendie vint ajouter ses ravages.

Écoutez-en le récit officiel :

« Le 10 août, à sept heures du soir, le feu se déclara dans la rue Marchande à Varna. L'incendie se propagea rapidement, dévorant toutes les constructions en bois.

« D'immenses gerbes de flammes s'élevaient vers le ciel avec d'épais tourbillons de fumée.

« Des camps environnants on aperçut une clarté soudaine envahir l'horizon et envelopper la ville comme d'un manteau de feu. Des bataillons accoururent de toutes parts au secours de la ville incendiée, pendant que dans l'intérieur les troupes résistaient pied à pied avec une énergie désespérée au torrent des flammes qui avançait toujours vers les poudrières.

« Généraux et soldats étaient mêlés dans cette lutte terrible, et l'on voyait passer à travers des lueurs sinistres les marchands emportant dans leur fuite ce qu'ils avaient de plus précieux. C'était un tumulte de cris, de gémissements dominés tout à coup par le bruit des toitures enflammées qui s'effondraient avec fracas, lançant, comme le cratère d'un volcan, des nuées d'étincelles. Le plus effroyable des désastres était imminent; les poudrières se trouvaient pour ainsi dire cernées par ce réseau de flammes, et les munitions pour toute la guerre étaient là !... huit millions de cartouches.

« De longues toiles, que des canonniers mouillaient incessamment, avaient été étendues sur les toits; car des brandons enflammés y tombaient à chaque instant.

« Cependant les troupes arrivent des camps extérieurs. Le général Bosquet est à son poste avec elles. Le maréchal est sur les lieux ainsi que les généraux Martimprey, Bizot et Thiry; tous enfin sont là, encourageant du geste et de la voix les travailleurs qui abattent les murs à coups de haches et, avec une énergie, un courage, un dévouement indicible, semblent prendre l'incendie corps à corps, et lutter avec lui.

« Quatre fois, le maréchal, désespéré, épouvanté de cet affreux désastre, qui allait anéantir une partie de son armée sous les ruines de la ville, eut la pensée de sonner la retraite. « Mais Dieu m'a « inspiré, écrit-il, j'ai résisté, j'ai lutté, j'ai envoyé mes adieux à « tous, et j'ai attendu. » La pensée ne peut se rendre compte des résultats que pouvaient entraîner cette effroyable catastrophe.

« C'eût été la ruine, l'anéantissement de tout, la tête de l'armée,

les chefs valeureux dont s'honore le pays, et qui avaient appris par
tant d'années de combats et de rudes épreuves à commander les
autres, eussent été engloutis dans cet abîme de feu. Aux lueurs des
flammes qui s'élançaient menaçantes, apparaissaient leurs visages
calmes et impassibles; ils dirigeaient les travaux, arrêtaient les
désordres, empêchaient la terreur.

« Il y eut un moment de cruelle angoisse: ce fut celui où les travailleurs qui sapaient à la hache une dernière maison touchant
presque à notre magasin à poudre furent rejoints par le feu; s'ils
fuyaient, tout était perdu. Mais les officiers, eux aussi, avaient la
hache en main et frappaient les murailles en désespérés.

« Enfin, un grand bruit se fait entendre, les travailleurs s'éloignent
à la hâte; la maison se balance un instant sur elle-même, puis
s'écroule. Dès lors le danger n'était plus imminent. Les magasins
étaient dégagés, on était maître du feu; il était cinq heures du matin. Dix heures de lutte incessante, dix heures de mort certaine.

« Le septième de Varna n'existait plus!...

« Le lendemain, dans la partie brûlée de la ville, l'incendie durait
encore... »

Après ces épreuves, un nouveau conseil de guerre eut lieu, et le
maréchal de Saint-Arnaud rendit compte en ces termes au ministre
de la guerre de la décision prise à l'unanimité :

« A peine les armées alliées étaient-elles débarquées à Gallipoli,
disait ce maréchal, que la défense héroïque de Silistrie prolongeait
la lutte sur le Danube, au lieu de la transporter au centre de l'empire ottoman. Les généraux en chef crurent qu'ils avaient le temps
d'arriver sur le théâtre de la guerre pour sauver peut-être la ville
assiégée, ou du moins venir en aide à l'armée turque, que les forces
russes menaçaient d'écraser. L'imminence du péril commandai
cette décision, comme aussi le devoir de deux nations qui avaient
réuni leurs drapeaux pour protéger l'intégralité de l'empire ottoman ; le courage de la défense et l'arrivée des armées alliées firent
lever aux Russes le siège de Silistrie.

« Poursuivre l'ennemi dans un pays ravagé et infecté de maladies
pestilentielles eût été un désastre certain.

« Pour la possibilité d'une campagne au delà du Danube et sur le
Pruth, il eût fallu la coopération active, réelle de l'Autriche, dont
les indécisions perpétuelles avaient créé aux généraux en chef des
difficultés sans nombre.

« L'inaction était-elle possible aux deux armées campées à Varna ? Cette inaction ne pouvait-elle pas, ne devait-elle pas amener le découragement au milieu des épreuves qui leur étaient peut-être réservées si loin de la patrie ? ni l'honneur militaire, ni l'intérêt politique ne le permettaient. Il fallait forcer l'ennemi à nous craindre. La Crimée était devant nous comme un gage ; frapper la Russie dans la Crimée, l'atteindre jusque dans Sébastopol, c'était la blesser au cœur. En présence de ces faits, les généraux en chef des deux armées et les amiraux des deux flottes, après avoir discuté les chances favorables ou opposées, résolurent l'expédition de Crimée. Depuis cette décision, les calamités les plus fatales semblent s'être réunies pour s'opposer à notre entreprise : un terrible fléau s'est abattu sur nous et a jeté la mort dans nos rangs, le feu a anéanti une partie de nos approvisionnements et de ceux de nos alliés ; la saison déjà avancée nous menace, mais la force inébranlable de la volonté et l'énergie du cœur triompheront de tous ces obstacles. Les préparatifs s'achèveront vers la fin du mois, les troupes seront embarquées, et avec l'aide de Dieu elles débarqueront bientôt en Crimée sur le sol même de la Russie.

« Certes, nos ressources ne sont peut-être pas aussi complètes que l'on aurait pu le désirer ; nous n'avons pas une armée très nombreuse : le courage et l'élan des troupes en décupleront le nombre. Rien n'est impossible à des soldats comme les nôtres et à l'union fraternelle des deux nations.

« Telles sont, mon cher ami, les raisons, tels sont les malheurs, telles sont les nobles aspirations qui ont fait diriger nos efforts vers la terre de Crimée.

« Espérons que la Providence ne nous a pas amenés jusqu'ici pour nous y faire trouver un tombeau et la captivité. Nos troupes sont merveilleusement disposées, et j'espère pouvoir bientôt vous dire qu'elles n'ont pas menti à leur vieille réputation de bravoure. Adieu. »

Fort heureusement cependant, à Varna, la santé des troupes ne tarde pas à se rétablir, et le colonel du 1er zouaves d'envoyer à Mme Bourbaki cette dépêche laconique :

« Moral toujours bon, du chagrin, pas de désespoir. »

Depuis quelques jours, l'ambulance du camp possédait des sœurs de Saint-Vincent-de-Paul : la sœur de Charité aux coiffes blanches et relevées qui mettent comme des ailes à leurs fronts recueillis. Un lieutenant de zouaves, Henri Vuillemot[1], un poète celui-là, a raconté ainsi la résignation de ceux qui meurent au camp de Varna :

« Dimanche, 6 août.

« Hier, de onze heures du matin à six heures du soir, il est mort quarante-huit soldats de mon régiment. Ma compagnie a creusé les fosses et procédé à l'inhumation. Le tombeau de ces tristes victimes a été placé entre la ville et le lac. Le soir, aux étoiles, je m'approchai de l'exhaussement de terre; le lac était calme : sur ses rives on voyait quelques oiseaux pêcheurs. Sa surface reflétait dans ses rides les rayons argentés de la lune. Le camp, la ville étaient plongés dans le silence. Les yeux fixés sur l'endroit fatal, j'adressai au ciel une fervente prière. Tous ces hommes qu'engloutissait la tombe étaient doux, bons, aimés. Parvenus à mille lieues de leur pays, ils s'attendaient aux grandes choses, à la gloire. Un mal affreux les atteint au milieu de leurs rêves et les fauche; ils meurent sur une plage déserte, sans revoir leur patrie, sans revoir leur mère. Leur tombe ignorée ne sera jamais visitée par des cœurs aimants; ni les frères ni les sœurs ne viendront y pleurer. Oh! mourir ainsi, mourir trompé, mourir sans larmes amies, mourir oublié, c'est mourir mille morts! »

« Varna, 14 août.

« Aujourd'hui le transport des malades, commencé à sept heures du matin, n'a été terminé qu'à minuit. Le spectacle de l'ambulance était quelque chose d'affreux. Malades entassés, se tordant, implorant à boire, se traînant aux endroits les plus frais, levés, portés, recouchés, mourant. Un orage d'une demi-heure en a tué six. Ces malheureux, à peine abrités contre le soleil, ne l'étaient pas contre la pluie; ils ont reçu tout l'orage. Triste nécessité! »

On croirait lire une des belles pages de la correspondance du maréchal de Saint-Arnaud. Cependant, quand le mal s'est calmé, le jeune officier se retrouve poète, et alors son *Journal* contient ces saisissantes lignes :

« Un soir du 19 août.

« J'aime de plus en plus les étoiles. Je ne crois pas m'être couché, depuis que je suis en Turquie, une seule fois sans les avoir regar-

___

[1] Henri Vuillemot, ancien élève du collège royal militaire de la Flèche, promotion de 1841.

4

dées. *Stella* est mon amie! Les souvenirs de France sont aussi mes compagnons de route et de bivouac. Ma famille, le jardin, les promenades au bois et à la Saône, nos excursions de campagne, mes doux villages aimés quand j'étais enfant : Cugney, Rigney, Champvaus; mes réclusions oisives ou studiaires, mes causeries avec ma mère, le soir, à la fenêtre ouverte, pendant que fraîchit la brise des prés; ma chambre chez mes amis B...; mes déjeuners chez ma mère, mes rires, mes adieux, mes rendez-vous au centre de la vie franc-comtoise : tout cela me revient sans cesse. J'y pense avec plaisir et avec regret. C'était la vie utile, aimante et belle! ici, je n'ai plus que la vie isolée, inerte. En France, les misères sont compensées par le monde qui vit, qui console. En exil, où elles sont plus rudes, elles n'ont d'autres soulagements que les pensées de mort. Que de réflexions j'ai faites sur la mort depuis cinq mois, surtout depuis un mois! Aussi j'y suis résigné, je courberai ma tête devant elle\en priant Dieu. La mort est terrible seulement pour ceux qui restent. Pour celui qui s'en va, c'est le passage entre le mystère et la révélation; ce n'est rien qui doive effrayer pour soi-même. Mais faire la guerre ce n'est pas vivre : c'est renoncer à la vie, au charme, au rêve, aux rires, à l'étude, à l'amitié; c'est tout perdre, c'est n'être plus au monde. *Bénie soit la prière; il reste Dieu...* »

Et plus loin l'officier de zouaves dit encore :

« Au départ de France, j'avais trop présumé de mes forces. Je suis venu sur un sol ennemi, j'y ai planté ma tente, et j'ai passé des semaines attendant le moment de l'action et du dévouement dont mon âme était remplie. Chaque jour me renvoyait au lendemain. J'ai eu cependant un grand moment d'espérance : Allons! disait la voix qui commande, allons à l'ennemi! Joyeux, je pars... Qu'ai-je vu? le désert, la peste : quel résultat! Je laisse au fond des sables les forces qui devaient me faire marcher et combattre; je vois inutilement mourir mes compagnons, mes camarades. C'est tout ce que j'ai fait, moi qui voulais agir... »

Enfin, le 25 août, on lit aux troupes campées à Varna la proclamation du commandant en chef de l'armée d'Orient, annonçant le départ pour Sébastopol.

Et Henri Vuillemot d'écrire dans son journal :

« Malgré mes tristesses, ne désespérez pas de moi, mes chers amis; j'ai foi dans l'avenir. Sébastopol me rend l'espérance. Qu'importe si je meurs? j'aurai vécu. Comptez sur moi. Adieu à vos mères, mes amis; aimez bien vos mères. A vous, bonheur, amitié, confiance, avenir [1]. »

Le 1er régiment de zouaves s'embarqua pour la Crimée le 1er septembre. Il était fort encore de douze cent soixante-dix combattants, officiers compris.

La flotte se montra d'abord à Baltchik, d'où elle appareilla définitivement, le 5 septembre, pour faire voile vers la Crimée.

Le 14, on était en vue d'Ald-Fort. Le débarquement commença aussitôt.

Ce fut le général Canrobert qui le premier, entouré de quelques zouaves et du colonel Bourbaki, mit le pied sur ces rivages que fixaient les regards d'une armée entière; ce fut lui qui planta le drapeau français sur cette terre qui allait bientôt retentir de nos hourras frénétiques.

Le 20 septembre devait être un jour de gloire pour l'armée française. La bataille de l'Alma devait être une grande victoire.

Les deux bataillons de zouaves devaient se couvrir de gloire. Après avoir franchi l'Alma, les zouaves avaient pris le pas de course, Bourbaki à cheval, à la tête, malgré les décharges meurtrières de l'artillerie. L'élan fut tel, que les Russes ne tardèrent pas à s'enfuir [2].

Le soir même, au champ de bataille, le maréchal de Saint-Arnaud adressait à l'empereur Napoléon III une dépêche qui se terminait par ces mots :

Les zouaves se sont fait admirer des deux armées; ce sont certainement les premiers soldats du monde.

Le 22 septembre, il écrivait au ministre de la guerre :

Bourbaki est un Bayard; il était magnifique à la tête de ses zouaves.

Quelques jours plus tard, une attaque de choléra vint porter un dernier coup à la nature indomptable du jeune maréchal. Renversé pour ne plus se relever, le maréchal de Saint-Arnaud dut abandonner ses illusions s'il lui en restait, et le 28 septembre il écrivait au ministre de la guerre :

« Ma santé est déplorable. Une crise cholérique vient de s'ajouter aux maux que je souffre depuis si longtemps, et je suis arrivé à un

---

[1] Cinq mois plus tard ce grand écrivain, ce jeune héros, tombera percé de coups entre les mains de l'ennemi, et mourra prisonnier dans une ambulance russe.

[2] « Bientôt c'est merveille, raconte un témoin oculaire, de voir nos hommes escaladant ces pics inaccessibles, s'accrochant à tout, grimpant comme des fourmis. »

état de faiblesse tel que le commandement, je le sens, m'est devenu impossible. »

En même temps il adressait à ses troupes cette belle proclamation :

« Soldats,

« La Providence refuse à votre chef la satisfaction de continuer à vous conduire dans la voie glorieuse qui s'ouvre devant vous. Vaincu par une cruelle maladie contre laquelle il a lutté vainement, il envisage avec une profonde douleur, mais il saura remplir l'impérieux devoir que les circonstances lui imposent, celui de résigner le commandement dont une santé à jamais détruite ne lui permet plus de supporter le poids.

« Soldats, vous me plaindrez, car le malheur qui me frappe est immense, irréparable et peut-être sans exemple.

« Je remets le commandement au général de division Canrobert. C'est un adoucissement à ma douleur que d'avoir à déposer en de si dignes mains le drapeau que la France m'avait confié.

« Vous entourerez de vos respects, de votre confiance, cet officier général, auquel une brillante carrière militaire et l'éclat des services rendus ont valu la notoriété la plus honorable dans le pays et dans l'armée. Il continuera la victoire de l'Alma et aura le bonheur que j'avais rêvé pour moi-même, et que je lui envie, de vous conduire à Sébastopol. »

Comme récompense de sa belle conduite à la bataille de l'Alma, le colonel Bourbaki était nommé, le 1er octobre, général de brigade et placé à la tête de la 2e brigade de la 2e division du corps Bosquet.

Bourbaki prit aussi part à la bataille d'Inkermann. Il aborda trois fois à la baïonnette avec ses troupes les Russes qui laissaient le terrain couvert de morts et de blessés. Ce fut grâce à lui qu'on put s'emparer de la *batterie des sacs à terre*, réputée inexpugnable, et que le général Bosquet nomma la *batterie de l'Ablation*.

Bourbaki prit ensuite part au siège de Sébastopol.

Comme Canrobert, il s'intéressait vivement au sort de ses hommes, et rien de plus émouvant que les visites quotidiennes que Bourbaki faisait dans les tranchées confiées aux soldats sous ses ordres.

C'est ici que je demande la permission de citer ces lignes écrites par le R. P. de Pamers, aumônier, témoin de ce siège :

« Voici ce que c'est qu'une tranchée, écrivait-il à l'un de ses supé-

Bataille de l'Alma (20 septembre 1854 . — Attaque des hauteurs occupées par les Russes. — Vue prise du centre de l'armée française.

rieurs. Peut-être cette explication vous sera-t-elle nécessaire, à vous, bienheureux habitant d'une délicieuse maison de campagne, à vous que Dieu a toujours tenu loin du tumulte des affaires, jouissant d'une jolie fortune, au milieu d'une charmante famille. Jamais sans doute vous n'avez étudié les opérations d'un siège, et il fallait tout l'intérêt de celui-ci pour fixer votre attention. Eh bien! une tranchée est un long fossé ni trop profond ni trop large, creusé tout autour d'une ville assiégée. Son but est de permettre aux assiégeants de circuler sous les murs de la ville, sans avoir trop à craindre la mitraille ennemie. On en pratique une ou plusieurs, selon le besoin. Ces longues ouvertures, dirigées dans le sens des murs de la ville, s'appellent les tranchées parallèles, et, pour abréger, les parallèles tout simplement. Elles sont reliées entre elles par d'autres chemins creux qui permettent la communication de l'une à l'autre et qu'on nomme boyaux. De distance en distance, le long des parallèles, on établit ce qu'on appelle des batteries. Ce sont des plates-formes défendues par diverses sortes de glacis ou murailles en terre, sur lesquelles on établit un certain nombre de canons destinés à battre en brèche les murailles de la ville, ou des mortiers et des obusiers chargés de lancer dans l'intérieur même de la citadelle des projectiles incendiaires. Or vous sentez bien que l'ennemi ne nous permet pas volontiers de travailler aux tranchées qui doivent ceindre sa ville, et la serrer au point de l'étouffer. Aussi ne se hasarde-t-on pas à ouvrir une tranchée pendant le jour : on attend le soir. Alors, dans l'obscurité, une compagnie de travailleurs se dirige en silence vers un endroit désigné. Là chacun reçoit sa destination. Et tous alors de travailler de leur mieux pour creuser avant le jour une partie de la bienheureuse avenue souterraine qui les mettra à l'abri du canon de la place. Depuis près d'un mois ce travail continue.

« Quand sera-t-il fini? On l'ignore. Nos travailleurs ont une peine extrême à avancer. Le terrain est coupé par des rochers effroyablement durs, et nos premières parallèles ne seront pas, dit-on, suffisantes. Il faudra en recommencer d'autres, et puis d'autres, jusqu'à ce que nous soyons tout à fait proches de l'ennemi. De tels travaux ne se font pas en un jour, ou plutôt en une nuit. Et puis l'hiver s'annonce; les nuits sont froides, nos hommes souffrent beaucoup pendant leurs vingt-quatre heures de garde, et surtout l'ennemi n'épargne aucun moyen pour nous entraver. D'abord les Russes ont commencé par décharger sur nous une masse incroyable de projectiles. Fiers des nombreuses munitions amassées pendant de longues années dans cette citadelle, destinée par eux à devenir la reine des mers, ils tiraient à tort et à travers, sans songer à viser un but quelconque. Ce n'était pas la flèche adressée à l'œil droit de Philippe, c'était une vraie débandade de projectiles lancés à la France et à l'Angleterre, partout où l'une de ces deux nations voudrait bien se placer pour les recevoir. Or, comme nous n'avions nulle sympathie pour un semblable cadeau, nous nous mettions à côté, et les boulets tombaient prosaïquement à terre. Ainsi on a fait le calcul que l'ennemi tirait journellement sur nous huit cent mille kilogrammes de poudre et deux millions quatre cent mille de fonte. Les soldats se sont amusés à compter le nombre de morts et de blessés renversés par ce débordement de mitraille, et, grossissant les chiffres, ils ont prétendu que chacun de nos morts revenait à soixante mille francs à l'ennemi. Aussi, disent-ils, nous pouvons mourir, puisque notre vie coûte si cher.

« Mais, l'expérience faite, les Russes se sont aperçus de leur erreur. Alors ils ont mieux pris leurs mesures. Un grand mât fut dressé au centre d'un bastion surnommé par cela même le bastion du « Mât ». Une sentinelle grimpait à la cime, examinait nos positions, plongeait son regard jusque dans nos tranchées, et puis redescendait pour indiquer aux artilleurs vers quel point devait se diriger leur tir. Nos soldats s'en aperçurent, et désignèrent sous le nom de « singe vert » cette sentinelle d'un nouveau genre : la couleur de son habit lui valut cette plaisanterie. Mais son audace fut autrement payée. Nos chasseurs abattirent successivement plusieurs singes verts, et lorsqu'un certain nombre eut ainsi dégringolé, tombant sans vie d'une hauteur prodigieuse, l'ennemi se dégoûta de son mât de cocagne, et nul ne s'y aventura. Une autre ruse lui vint encore en aide. Pendant le jour, il tâchait de découvrir la place exacte de nos travaux ; ensuite il plantait des poteaux de repère dans la direction que devait parcourir le projectile meurtrier. La nuit, on allumait un fanal au haut du poteau, et le pointeur, instruit de la distance comme de la direction à parcourir, parvenait quelquefois à lancer adroitement dans nos tranchées des obus qui tuaient ou blessaient nos hommes. Par bonheur, ces diverses industries ne nous sont pas trop nuisibles, et, tout calcul fait, nous perdons peu de monde à ce jeu meurtrier.

« De notre côté, vous le pensez bien, nous ne sommes pas restés inactifs : nous avons opposé ruse à ruse. Un de nos meilleurs procédés a été l'institution des compagnies de francs-tireurs. Ce sont des hommes exercés qui s'espacent de loin en loin sous les remparts. Ils creusent des trous dans la terre et s'y couchent à plat ventre, le fusil en joue, dirigé sur une batterie russe. Un artilleur a-t-il le malheur de paraître pour charger sa pièce ou la pointer, une balle siffle et vous le jette à terre. Un autre ne prend pas sa place impunément, le même sort l'attend. On prétend qu'un seul de nos tireurs en a tué neuf de suite. J'ignore si le fait est vrai, mais le désespoir des Russes est évident. Pour se mettre à l'abri, ils ont imaginé de masquer chacune de leurs pièces derrière un volet à deux battants : c'est bon pour charger ; mais, lorsque le moment de tirer est venu, il faut bien ouvrir la fenêtre. Alors malheur à celui qui fait l'opération : une balle est toute prête ; elle part, siffle, et traverse la tête du téméraire. Aussi, les Russes nous traitent-ils d'enragés, et, furieux à certains moments, ils soulèvent par derrière les affûts de leurs canons et vomissent une effroyable mitraille sur la terre inoffensive.»

Pendant le siège, Bourbaki, atteint du typhus, avait été obligé de rentrer en France, et avait cédé le commandement de sa brigade au colonel Vergé, du 27ᵉ de ligne.

Mais, rapidement rétabli de cette maladie, il avait redemandé à l'empereur un commandement actif dans l'armée sous les murs de Sébastopol, et le 5 avril 1855 il prenait le commandement de la 2ᵉ brigade de la division la Motterouge, du corps Bosquet.

Bien des récits ont été faits sur l'assaut de Malakoff, qui est bien connu. On aime cependant toujours les lire. Nous reproduisons simplement ici ces quelques pages peu connues, que nous empruntons à une lettre écrite de Sébastopol même par le R. P. de Damas, de la compagnie de Jésus :

« Le moment est venu, écrit-il à son supérieur. Nous sommes au 8 septembre, fête de la sainte Vierge ; il est huit heures du matin, et le commencement de l'attaque est fixé pour midi. Les troupes se dirigent vers les places d'armes à portée de la tête de nos tranchées. Voyez-vous le calme indicible de ces jeunes hommes qui marchent vers le plus effroyable des dangers ?

« — Soldats, regardez l'ennemi comme il est terrible ! s'écrient les chefs. Nous comptons sur vous.

« — Oui, oui ! répondent toutes les voix ; vous ne vous trompez pas. Nous marcherons, nous mourrons peut-être, mais nous vaincrons ! »

Bataille d'Inkermann (5 novembre 1854). — Les zouaves et les tirailleurs algériens reprennent la redoute des gardes anglaises et culbutent les Russes dans le ravin de l'Abattoir.

« Que pensent-ils, ces hommes, et comment expliquer leur intrépidité en face du péril? Sont-ils animés d'une fureur sauvage, et la vengeance est-elle leur mobile? Assurément non. Ils ne connaissent ni les ressorts cachés d'une parenté dangereuse ni les sources de la rivalité des nations. Aux heures des armistices nous les avons vus sur le champ de bataille faire avec leurs ennemis de la veille un preux échange de procédés courtois; nous les avons admirés dans les ambulances lorsque, avec une sollicitude inquiète, ils pansaient les plaies et cherchaient à adoucir les douleurs de leurs ennemis vaincus. Ils ont fêté leurs prisonniers et les ont appelés à partager leurs repas, et ils ont dit en leur serrant la main :

« — Maintenant le combat est fini; vous êtes nos frères et nos amis! »

« L'ivresse, pas plus que la haine, ne les excite au combat. Ils sont calmes, et pas un cri, pas une clameur, pas un désordre ne signale à l'ennemi le mouvement de cette immense armée.

« Je suis d'un calme et d'une confiance qui m'étonnent moi-même,
« écrit l'un d'eux. Et devant un pareil danger ce n'est qu'à toi, mon
« frère, que j'ose le dire : il y aurait de l'orgueil à l'avouer à d'autres.
« Je viens de déjeuner pour prendre les forces nécessaires; je n'ai
« bu que de l'eau, je n'aime pas les surexcitations alcooliques, elles
« ne font jamais rien faire de bien. »

« La sensibilité du cœur ne leur manque pas non plus. Ils savent à quoi ils s'exposent, ce qu'ils vont perdre et ce qu'il leur faut quitter.

« Une fois massés vers l'extrémité de nos tranchées, dit un témoin
« oculaire, en face du terrible combat qui allait commencer, on se
« retrouvait homme en pensant à la patrie, aux siens; on échan-
« geait des lettres préparées pour sa famille, pour les personnes si
« chères qu'on pouvait ne plus revoir. On serrait la main de son
« ami, on lui donnait l'accolade du chevalier mourant. »

« Je n'ai que cinq minutes, je vous les donne, écrit le comman-
« dant de Lacoutrie; je ne veux pas que vous soyez sans nouvelles
« de votre sincère ami. En cas où Dieu m'appellerait à lui, priez
« pour mon âme et *consolez ma pauvre femme.* »

« J'ai pleine confiance en Dieu, dit à son tour le colonel Dupuis
« en s'adressant à son frère; mais en t'écrivant j'ai voulu te prouver
« que jusqu'à mon dernier soupir je penserai à toi, à tes enfants,
« à notre bonne sœur et à tous nos amis. »

« Où donc trouverons-nous la source du courage qui va faire faire à ces hommes le plus héroïque des sacrifices? Écoutez-les eux-mêmes vous en rendre compte dans leurs correspondances intimes. Le sentiment du devoir, l'amour de la patrie et l'espoir d'une récompense certaine dans une vie meilleure, inspirent le cœur de ces héros chrétiens.

« Au moment où je vous écris ces deux mots on bat le rappel, dit
« un sous-officier de la ligne. Le grand jour est venu; dans deux
« heures nous montons à l'assaut. Je porte avec dévotion la médaille
« de la sainte Vierge et le scapulaire que m'a donné ma sœur. Je
« suis tranquille sur mon avenir, et je dis comme le saint général
« Drouot : « Celui que Dieu garde est bien gardé. »

« Je te serre la main, s'écrie un capitaine, je te serre la main,

Francs-tireurs devant Malakoff.

« mon frère, en te disant une dernière fois que je t'aime! Mainte-
« nant, mon Dieu, ayez pitié de moi. Je me recommande à vous
« avec sincérité : que votre volonté soit faite. Vive la France! Il faut
« que notre aigle plane aujourd'hui sur Sébastopol! »

« Un officier supérieur qui, avant de quitter Marseille, a déposé sa croix d'honneur au pied de la statue de Notre-Dame de la Garde, écrit à sa famille :

« La Reine du ciel a déjà beaucoup fait pour votre ami, et mon
« saint patron m'a beaucoup protégé; soyez donc tranquille sur
« mon avenir, quel que soit le sort de la bataille. »

« Si je meurs, reprend un colonel déjà nommé plus haut, je veux
« qu'on donne à Notre-Dame de Boulogne ma croix de comman-
« deur. »

« Pour éviter de trop longues citations, disons que les sentiments intimes du cœur de l'armée se résument admirablement dans cette lettre d'un de ses chefs les plus distingués :

« Le souvenir de votre cœur d'or, écrit le général Bosquet à un
« de ses amis de l'île Bourbon, et votre pieuse pensée d'associer
« mon nom au vôtre dans les prières de votre sainte mère, me
« reviennent souvent pour me réconcilier avec les mensonges de
« cette vie. Ici, sur ce petit coin de terre, l'heure suprême est bien
« proche; que la volonté de Dieu soit faite !

« Pour moi, après avoir baisé la croix de mon épée, j'attends
« avec confiance et je suis prêt. »

« Disons-le donc avec bonheur, et répétons-le à la gloire de nos
frères d'armes, leur courage a son principe dans les plus nobles sentiments du chevalier chrétien. Mais voici que l'heure solennelle est
arrivée; les aides de camp du général en chef ont parcouru les lignes
et se sont assurés de l'exactitude des dispositions prises. Le général
de Salles, à la tête de son corps d'armée, est tout prêt à commencer
l'attaque de gauche. Au centre, les Anglais ont pris place devant le
grand Redan, et le général Bosquet, sur la droite, se dispose à atta-
quer Malakoff et le petit Redan du Carénage.

« Il est midi; le signal est donné.

« A la voix de leurs chefs, les divisions Mac-Mahon, Dulac et de
la Motterouge sortent des tranchées. Les tambours et les clairons
battent et sonnent la charge, et nos intrépides soldats s'élancent
vers les remparts ennemis. La largeur et la profondeur du fossé, la
hauteur et l'escarpement des talus rendent le passage presque impossible. N'importe, on se précipite dans le fossé, dont les parties
rocheuses servent à l'escalade, et tous, officiers et soldats, après
s'être aidés sans hésiter des épaules de leurs voisins, la plus grande
partie le fusil en bandoulière et grimpant avec une agilité prodigieuse sur le revers du talus, sans même se servir des échelles,
arrivent sous un feu plongeant, malgré les baïonnettes, au milieu
des embrasures. Alors les uns se glissent dans la place en passant
sous les canons qui tonnaient contre eux, les autres y pénètrent en
saisissant les armes qu'on leur opposait et qu'on retirait ensuite à
l'intérieur. Mille traits d'audace signalent ce mouvement incroyable.
Enfin nos soldats sont parvenus sur le parapet garni de Russes qui
se font tuer sur place, et qui, à défaut de fusils, se sont armés de
pioches, de pierres, d'écouvillons, de tout ce qu'ils trouvent sous
leurs mains.

« Dans ce moment s'engage une lutte corps à corps, une de ces
luttes terribles, émouvantes, telle que pouvaient l'inspirer le désespoir d'un côté, et le désir de vaincre de l'autre.

Enfin la division Mac-Mahon est maîtresse de la position.

« Enfin la division Mac-Mahon est maîtresse de la position, et le drapeau de la France flotte sur Malakoff aux acclamations de l'armée entière.

« A droite et au centre, ajoute le rapport du général en chef, « avec ce même élan qui avait refoulé tous les obstacles et repoussé « au loin l'ennemi, les divisions Dulac et de la Motterouge, entraî- « nées par leurs chefs, s'étaient emparées du petit Redan du Caré- « nage et de la Courtine en poussant même jusque sur la seconde « enceinte en construction. Partout nous étions en possession des « ouvrages attaqués. »

« Cependant les Russes ne se tenaient pas pour battus. Dans deux retours offensifs, conduits avec une vigueur remarquable et une rare intrépidité, ils essayèrent de reprendre Malakoff. Alors s'établit un combat acharné de mousqueterie. Les Russes, dans des sortes d'abris préparés, dominés par une batterie qui tirait par-dessus leurs têtes, recevaient à bout portant nos pauvres soldats. En même temps une pluie de bombes et d'obus tombait au milieu des rangs.

« C'est ici surtout que nos magnanimes soldats se montrèrent grands. Dans cette effroyable mêlée, le courage et le dévouement se déployèrent au delà de toute expression. Voici le général de Saint-Pol qui tombe, à quarante-cinq ans, frappé d'une balle en pleine poitrine. Nous étions venus ensemble l'année dernière de Malte en Crimée.

« Je ne suis pas marié, me disait-il en parlant des chances de « l'avenir. Je suis jeune encore et je crains la vieillesse ; trop souvent « les vieillards sont à charge à ceux qui les entourent. Aussi ai-je sol- « licité mon envoi en Crimée. Je demande à Dieu d'y servir aussi « longtemps que mon épée sera utile à la France, ensuite je serai « heureux de mourir sur le champ des braves avant que ma vie soit « devenue inutile. »

« A son tour, le général de Pontevès va payer le noble tribut de son dévouement au pays. Deux balles lui ont traversé la poitrine, et un éclat d'obus lui a fracassé l'épaule. Issu d'une des plus illustres familles de Provence, frère du duc de Sabran, jeune encore et pou- vant prétendre à de hautes faveurs, il regarde la mort sans effroi. Il tourne ses regards du côté de la religion, à laquelle pendant sa vie entière il avait demandé sa force et son courage, ensuite il donne ses ordres pour le règlement de ses affaires, et son dernier souvenir et son dernier présent sont pour la paroisse et pour les pauvres de son pays.

« Un peu plus loin, les généraux Breton et Rivet succombaient avec le même courage.

« Voyez-vous encore ce jeune commandant au port noble et à la physionomie ouverte et expressive, qui entraîne ses chasseurs à la baïonnette? C'est un jeune Breton, allié à la fille d'un maréchal de France, dont un colonel disait quelques jours auparavant :

« — Cornulier est un homme exceptionnel; rappelez-vous ce que je vous dis, s'il n'est pas tué ici, c'est un homme qui marquera en France. »

« Il est monté le premier sur le parapet, et, tourné du côté de ses chasseurs, levant son sabre en l'air, il crie : « En avant! » Au même moment il est frappé d'une balle et tombe raide mort. Je ne m'étonne pas de ce témoignage que lui rend un de ses camarades :

« Sa figure, après sa mort, dit M. de Lambilly, avait un air de « sérénité ineffable; il était aussi calme que s'il avait paru dormir. « Son bras droit était encore tendu comme s'il avait brandi son « sabre, et son bras gauche, encore à moitié plié, avait la position « qu'il occupait lorsqu'il montrait de la main gauche les Russes à « ses soldats. »

« Oui, cette noble attitude de son corps était bien l'expression de sa belle âme. Je me souvenais que, ce printemps, à son retour de Constantinople, où il avait été guéri de ses premières blessures, il me disait :

« Je vous en prie, accueillez-moi, quoique malade, et laissez-moi « *vous demander l'absolution aussi souvent que je voudrai.* J'ai une « belle position, je suis jeune, j'ai surtout une femme que j'aime de « toute mon âme; pour *sacrifier tout cela au service de son pays, il* « *me faut Dieu. Si Dieu me protège,* je puis mourir. Il sera lui- « même, après moi, la consolation de ma famille. »

« Maintenant, oublions un moment tous ces morts généreux pour recevoir les nobles exemples que nous donnent les blessés.

« A chaque instant, dit un officier d'état-major, on voyait passer « des soldats atteints de blessures graves, mais qui ne les empê- « chaient pas de se tenir debout et d'aller seuls jusqu'à l'ambulance « pour se faire panser; et lorsqu'on s'offrait à leur venir en aide :

« — Non, répondaient-ils, nous aimons mieux laisser les cama- « rades occupés à se battre qu'à nous porter. »

« Un de ces braves soldats, en passant devant nous à la Redoute, « demandait s'il serait possible de lui donner à boire, et comme les « officiers s'empressaient autour de lui :

« — Messieurs, ajouta-t-il, ayez la complaisance de me faire boire « vous-mêmes, car j'ai le bras gauche cassé par un éclat d'obus; l'os

« ne tient presque plus, et je suis obligé de soutenir ma main gauche
« avec ma main droite. »

« Quelques personnes essayèrent de lui adresser des paroles de
« consolation.

« — Oh! répondit-il, je connais mon affaire : un bras de moins;
« c'est égal, nous avons la victoire. »

« Sur ce terrain encore, les généraux et les officiers donnaient
l'exemple. *Nous avons vu revenir à sa tente, donnant le bras à un
seul soldat, le général Bourbaki blessé d'une balle à la poitrine.* Plus
tard, le général de la Motterouge, blessé à la tête par la terrible
explosion de la courtine qui relie Malakoff au petit Redan, arrivait
à la redoute Lancastre le visage ensanglanté, accompagné d'un colonel et d'un capitaine de la garde impériale également blessés. Ils
étaient à pied, et malgré leurs souffrances ils n'avaient pas voulu
se faire porter. Tous les officiers agissaient d'après le même sentiment, la même pensée. Nous avons visité les deux ambulances de
tranchée; impossible d'être témoin de plus d'abnégation, de courage
et de résignation. Pas une plainte ne sortait de la bouche des blessés,
qui surmontaient leurs souffrances avec une énergie admirable; les
seuls mots qu'ils prononçaient étaient des paroles de remerciement
et de reconnaissance pour les officiers de santé.

« Lorsque dans la nuit la première détonation se fit entendre et
retentit à travers les échos du ravin comme le bruit de la foudre,
tous les blessés qui se rendaient à l'ambulance du Carénage s'arrê-
tèrent en passant sur le sommet d'un plateau d'où ils pouvaient con-
templer Sébastopol en feu, et ils y restèrent jusqu'au jour oubliant
leurs souffrances. Parmi eux se trouvait un sergent d'infanterie que
deux soldats portaient sur un brancard en toile : il était mortelle-
ment frappé. N'importe, il donne aux soldats qui le portaient l'ordre
de s'arrêter. Il ne souffrira pas qu'on l'emmène ailleurs, dit-il, il
veut mourir en cet endroit. Alors il se met sur son séant, le haut du
corps appuyé contre une grosse pierre, le visage tourné vers la ville
en flammes; il contemple avec joie le triomphe de la France, et bientôt, sentant la vie s'échapper, il rassemble ses forces, ôte son képi,
élève en l'air son bras défaillant et s'écrie :

« — Adieu, mes amis; Sébastopol est à nous. Vive la France! »

« Ensuite sa tête retombe sur sa poitrine, et il expire. »

Parcourons, à la suite de notre narrateur, le champ de bataille :
à la Courtine, au petit Redan, au saillant et aux fossés de Malakoff, aux batteries noires; partout, aux endroits les plus avancés,

les plus dangereux, les plus difficiles, on trouvait le corps d'un officier qui précédait le corps de ses soldats, morts comme lui à ses côtés.

« L'expression énergique et sereine de tous ces nobles hommes

Le général de Mac-Mahon (1855).

était remarquable ; leur main pressait encore avec énergie l'arm précieuse et amie, compagne fidèle de leurs glorieux travaux, et leur visage respirait l'épanouissement de la victoire.

« Ce n'est pas encore assez pour nos soldats de se montrer intrépides en face de la mort, courageux dans les souffrances et pleins d'ardeur au combat ; ils seront grands aussi dans leur conduite vis-

5

à-vis de leurs ennemis vaincus, et l'histoire ne saura ce qu'elle
devra admirer davantage en eux de leur humanité ou de leur
courage.

« Pendant la bataille on les a vus, dit un témoin oculaire, secou-
« rir les blessés russes avec empressement et amour. Sans cesse
« passaient devant nous les cacolets sur lesquels étaient d'un côté
« un soldat français, et de l'autre un soldat russe objet des mêmes
« soins. »

« Nous relèverons entre mille un fait qui montre le bon cœur
autant que le bon sens de nos troupes. Le matin de l'assaut, un
zouave passait se dirigeant vers l'ambulance; il avait reçu un coup
de feu à la jambe gauche et marchait appuyé sur son fusil. Il accompagnait deux Russes plus grièvement blessés que lui, et il s'occupait d'eux avec une grande sollicitude. Tantôt il s'arrêtait pour arran-
ger un petit pansement provisoire qu'il leur avait fait, tantôt il commandait halte pour leur donner à boire au moyen d'une gourde
suspendue à son côté. Il accompagnait tout cela de bonnes paroles,
dont les soldats russes ne comprenaient pas le sens littéral, mais
dont le son de voix leur faisait apprécier la portée bienveillante.
Lorsque nous passâmes, il faisait boire le plus jeune des deux Russes,
qui paraissait aussi le plus souffrant, et il lui disait dans son jargon
militaire, si expressif dans sa naïveté :

« — Bois, bois, mon vieux; ce n'est pas notre faute, à nous, ce
qui est arrivé. Vous avez fait votre devoir de soldat; vous êtes de
braves gens comme nous! »

« Tels sont nos soldats, terribles pendant le combat, bons et
humains après la victoire. Mais terminons, de peur d'être infini. La
lutte durait encore; les généraux Bisson et Couston tombaient frap-
pés, et le général Bosquet lui-même avait l'épaule contusionnée par
un biscaïen. A la vue de tous ces généraux blessés ou tués, de tous
ces officiers qui jonchaient le terrain, les soldats redoublaient d'ardeur et faisaient des prodiges. Enfin le général de Mac-Mahon, le
digne successeur du général Canrobert, qui, depuis le matin exposé
à la mitraille, avait eu son fanion traversé par quarante-deux balles
et frappé de deux boulets, écrivait au général en chef :

« Je suis dans la tour Malakoff, et je suis sûr de m'y main-
« tenir. »

« Le jour commençait à baisser, et l'ennemi, désespérant de
reprendre la tour, venait de s'arrêter à un grand parti : il évacuait
la ville. Bientôt des incendies se manifestaient sur tous les points,

et la nuit qui vint terminer cette journée fut illuminée par des clar-
tés terribles.

« Le lendemain, dit le rapport officiel, le soleil, en se levant,
« éclaira cette œuvre de destruction. Les derniers vaisseaux russes,
« mouillés dans la rade, étaient coulés; les ponts étaient repliés.
« L'ennemi n'avait conservé que ses vapeurs, qui enlevaient les
« derniers fugitifs. Çà et là on voyait encore des soldats russes par-
« couran tous les quartiers avec des torches à la main, et mettant
« le feu aux maisons. Mais bientôt ces quelques hommes, ainsi que
« les vapeurs, furent contraints de s'éloigner et de chercher un
« refuge dans les anses de la rive nord de la rade : Sébastopol était
« à nous! »

« Telle fut l'issue de cette journée du 8 septembre, dans laquelle
la valeur de nos armées triompha d'une des forces les plus importantes que le monde pût lui opposer.

« Le plus bel éloge qu'on puisse faire du courage de nos troupes,
c'est de rappeler la défense intrépide que leur opposaient leurs vaillants ennemis.

« — Rendez-vous donc, commandant! s'écria, dit-on, le général
de Mac-Mahon arrivant au sommet des ouvrages Malakoff. Espé-
rez-vous résister encore?

« — Jusqu'à la mort, n'est-ce pas, mes enfants? » reprit l'officier
en se tournant vers ses soldats.

« Et les Russes demeurèrent intrépides, vendant chèrement leur
vie, tandis qu'un peu plus loin une centaine d'entre eux, logés dans
un réduit derrière une traverse, brûlaient jusqu'à leur dernière
cartouche, et ne se rendaient qu'en voyant jeter parmi eux des fas-
cines enflammées. En présence d'un ennemi si redoutable, les chefs,
qui connaissaient leurs soldats et qui savaient que des combats de
nuit ne sauraient convenir à des troupes d'élite, avaient décidé que
l'attaque aurait lieu en plein jour à la face de Dieu et du soleil, afin
que nos hommes pussent voir leurs ennemis et combattre poitrine
contre poitrine. Leurs prévisions n'ont pas été fausses; nos troupes
se sont élancées avec une bravoure surhumaine, à l'exemple des
officiers qui marchaient en avant pleins de courage et d'ardeur. Si
vous le voulez, nous terminerons notre longue lettre par cet exposé
des sentiments d'un fils à son père; il résume parfaitement ce que
nous avons dit du principe chrétien qui est le ressort et le mobile
de l'ardeur énergique de nos soldats.

« Le matin de la bataille, raconte le noble enfant, j'avais été voir

« l'aumônier de la division. Vous savez pourquoi faire, car sous
« l'uniforme je n'ai pas oublié vos bons conseils, mon père. Je lui
« avais montré la médaille de la sainte Vierge que m'avait remise
« ma bonne mère, et il m'avait répondu :

« — Allez, mon bon ami; on ne périt jamais sous la protection
« de Marie, et si le Ciel demande à votre pays le sang qui coule
« dans vos veines, la Reine du ciel vous ouvrira une patrie meil-
« leure. »

« Je vous assure, mon vertueux père, que ces saintes et patrio-
« tiques paroles du brave aumônier, ainsi que le souvenir de ma
« tendre mère ravie à mon affection il y a quelques mois, m'ont
« soutenu avant et pendant le combat en me donnant un espoir que
« la religion seule est capable de mettre dans l'âme. Si j'avais vu la
« mort venir à moi, c'eût été sans terreur, car j'avais mis ordre aux
« affaires de ma conscience.

« Tous les sous-officiers de mon bataillon, moins deux, en avaient
« fait autant. J'ai aussi compté, ce jour-là, vingt-sept officiers, y
« compris mon commandant, qui sont allés visiter la tente de notre
« digne aumônier. Le démon, comme vous le voyez, n'a pas encore
« l'âme de tous les militaires. Faites lire, je vous en prie, ma lettre
« à mon pauvre frère, qui ne pratique pas, lui, la religion, quoi-
« qu'il m'ait avoué un jour qu'il avait la foi. S'il savait la paix que
« goûte une âme vouée à Dieu et à son pays, il n'hésiterait pas un
« seul instant à se la procurer. Adieu, mon père, croyez bien que
« votre fils ne trompera pas vos espérances, et qu'il se conduira
« toujours comme un chrétien et un Français. »

« Je n'ajoute rien aux réflexions du jeune sous-officier. En reconnaissant les sentiments de foi qui animent notre armée, je com-
prends le bonheur avec lequel l'Église s'est associée à la joie commune en chantant son cantique solennel d'action de grâce. Bénis-
sons Dieu avec elle, et demandons-lui qu'il continue sa protection
à une armée qui s'en montre si fort reconnaissante. »

IV

DE LA GUERRE DE CRIMÉE A LA CAMPAGNE DE FRANCE

Le retour en France. — Au commandement en chef de la 1re subdivision de la Gironde. — Le général Randon. — La guerre de la Grande-Kabylie. — Retour en Afrique. — L'attaque des Beni-Râten. — Bourbaki nommé général de division. — Au camp de Châlons. — La levée du camp. — Bourbaki à la tête de la 9e division militaire, à Besançon. — A l'armée d'Italie. — Le 3e corps d'armée. — Une proclamation. — En Lombardie. — Embarquement pour Toulon. — La 2e division d'infanterie à Grenoble. — Bourbaki commandant de la 1re division d'infanterie de la garde impériale.

Après la prise de Sébastopol, le général Bourbaki rentra en France et prit le commandement en chef de la 1re subdivision de la Gironde.

C'est à Bordeaux qu'il se trouvait lorsque le général Randon, entreprenant la guerre de la Grande-Kabylie en Afrique, l'appela auprès de lui en 1857.

Bourbaki prit part à l'attaque et à l'ascension des montagnes des Beni-Râten [1], puis au combat d'Ischeridar [2]. Ce dernier combat fut certainement l'un des plus meurtriers de ceux qui ont été livrés en Algérie; il amena la soumission des Beni-Râten. Enfin la brigade Bourbaki prit part à la prise d'Aguennoussen [3] qui termina la campagne.

A la suite de cette campagne dans la Kabylie du Djurjura, Bourbaki passa général de division, le 12 août 1857, et fut mis en disponibilité.

Le 11 juin de l'année suivante, il fut appelé au commandement

[1] 18 mai 1857.
[2] 26 juin 1857.
[3] 30 juin 1857.

de la 2e division du camp de Châlons, et il en exerça le commandement jusqu'au 11 octobre, époque où on leva le camp.

Le 30 octobre suivant, Bourbaki fut appelé à la tête de la 7e division militaire, à Besançon. C'est là que devait le retrouver l'annonce
de la guerre d'Italie.

Bourbaki commandait à l'armée d'Italie une division qui avait
la composition suivante :

IIIe CORPS D'ARMÉE

3e DIVISION

Chef d'état-major : Lieutenant-colonel Martinot de Cordoux ;
Aide de camp : Capitaine d'état-major Leperche ;
Brigade Vergé : 18e bataillon de chasseurs à pied ; 11e et 14e régi-
ments d'infanterie de ligne ;

Brigade Ducrot : 46e et 57e régiments d'infanterie ;
Artillerie : 7e batterie du 9e régiment ; 12e batterie du 11e régiment ;

Génie : 1re compagnie du 1er bataillon du 3e régiment.

Briançon fut le lieu de rassemblement des régiments qui devaient
former cette division.

Sous la forme d'un ordre du jour lu à ses troupes avant leur
départ de Briançon, le général en chef de la 3e division adressait,
le 1er mai 1859, la proclamation qui suit :

« Soldats,

« Je ne veux pas vous recommander la patience dans les souffrances, la discipline en marche comme au combat, la bravoure au
feu ; ces vertus militaires, vous les possédez tous. C'est par elles
que vous illustrerez vos régiments, que vous augmenterez l'honneur et la grandeur de la France, et que vous vous rendrez dignes
de la bienveillance de notre Empereur, qui, aimant son armée par-
dessus tout, saura récompenser les plus braves. Le maréchal Canrobert nous commande ; vous le connaissez, vous êtes donc assurés
d'avance que, si vous souffrez, c'est que la nécessité, qui peut faire
échouer les plus sages prévisions, exigera la souffrance. C'est avec
autant de savoir et d'expérience de la guerre que d'intrépidité qu'il

vous conduira au combat. Braves et patients comme vos anciens des 11ᵉ, 14ᵉ, 46ᵉ et 57ᵉ demi-brigades de la glorieuse armée d'Italie, aux temps héroïques de nos pères, vous saurez comme eux fixer la victoire. Montrons que nous sommes leurs dignes descendants.

« Soldats,

« Votre général compte sur vous; comptez sur lui, et il ne vous fera pas défaut.

« Au quartier général à Briançon, le 1ᵉʳ mai 1859.
« Le général commandant la division,

« C. BOURBAKI. »

Mais, durant cette courte et glorieuse campagne d'Italie, Bourbaki et les troupes de sa division eurent le grand regret de n'avoir pas eu d'engagement sérieux avec l'ennemi.

La guerre terminée, la division de Bourbaki fut désignée pour faire partie du corps d'occupation de la Lombardie. Elle ne s'embarqua pour Toulon que le 23 mai 1860.

Le 11 juin de l'année suivante, Bourbaki était mis à la tête de la 2ᵉ division d'infanterie à Grenoble[1].

De 1860 à 1870, le général Bourbaki ne prit part à aucune entreprise guerrière.

Le 6 août 1860, il était nommé grand-officier de la Légion d'honneur.

Après le commandement de la division de Grenoble, Bourbaki exerça successivement les commandements suivants :

Du 19 février 1861 au 13 avril 1864, la 5ᵉ division à Metz;

Du 15 avril 1864 au 9 septembre 1864, la 2ᵉ division d'infanterie du camp de Châlons;

Du 12 octobre 1864 au 15 décembre 1865, la 1ʳᵉ division d'infanterie du 1ᵉʳ corps d'armée à Paris;

Du 16 décembre 1865 au 15 juillet 1869, la 1ʳᵉ division d'infanterie de la garde impériale, composée des voltigeurs et des chasseurs à pied;

Au 15 octobre 1869, la présidence du comité consultatif de l'infanterie;

Au 21 janvier 1870, la présidence de la commission des comités d'armes.

---

[1] C'était une création nouvelle due à l'annexion de la Savoie.

Lorsque Bourbaki fut arrivé au terme de son commandement dans la garde, l'empereur le nomma son aide de camp par décret en date du 7 juillet 1869.

Au moment de son départ de la garde, le maréchal Regnault de Saint-Jean-d'Angély consacra à Bourbaki l'ordre du jour suivant, qui est des plus élogieux :

ORDRE GÉNÉRAL

« M. le général Bourbaki, commandant la 1re division d'infanterie de la garde, arrivé au terme de la durée de son commandement, a été désigné, par décision impériale du 19 mai 1869, pour commander en second le camp de Châlons de cette année. En vertu de cette décision, M. le général Deligny, ex-commandant de la province d'Oran, a été appelé au commandement de la 1re division de la garde.

« M. le général Bourbaki, précédé dans la garde par la brillante réputation que lui ont value ses glorieux services, a su se faire aimer du soldat, tout en maintenant la discipline, et entretenir dans la division des voltigeurs l'esprit militaire et le sentiment du devoir.

« M. le maréchal commandant, en lui exprimant ses regrets de le voir quitter la garde, lui adresse ses remerciements pour le loyal et habile concours qu'il lui a constamment prêté. Ses vœux, comme ceux de toute la garde, le suivront dans le poste éminent auquel il a été appelé par le souverain, qui vient de lui donner une nouvelle preuve d'estime en le nommant son aide de camp.

« M. le général Bourbaki remettra le commandement de la 1re division d'infanterie, le 14 juillet, à M. le général Deligny, qui entrera immédiatement en fonctions et sera reçu avec les honneurs qui lui sont dus.

« Paris, le 12 juillet 1869.

« Le maréchal commandant en chef de la garde,

« REGNAULT D'ANGÉLY. »

V

LE CALVAIRE. — PENDANT LA GUERRE DE 1870

La déclaration de guerre à la Prusse. — Une conversation avec l'empereur dans l'escalier des Tuileries. — Bourbaki à la tête de la garde impériale à Forbach et Fræschwiller. — Une observation respectueuse de Bourbaki au maréchal Bazaine. — Réponse du maréchal. — La retraite jusqu'à Metz. — La bataille de Rezonville. — Le rôle de la garde impériale. — Un récit. — Les charges de cavalerie. — Les lanciers et les cuirassiers de la garde. — Le prince Frédéric-Charles. — Les lanciers du colonel de Latheulade. — Retour offensif de la cavalerie allemande. — A Saint-Privat. — Les ordres de Bourbaki. — Les voltigeurs de la garde. — Un dernier effort. — Une observation de Changarnier. — L'investissement de Metz.

> O patrie, on a beau raisonner, tu l'emportes !
> Les âmes que tu fais sont encore les plus fortes ;
> Et, sitôt que dans l'air a grondé le canon,
> Tout s'efface, excepté la grandeur de ton nom !
>
> (Eugène MANUEL.)
>
> Il n'y a point de place faible là où il y a des hommes de cœur.
>
> (BAYARD.)

On sait que la déclaration de guerre à la Prusse eut lieu le 19 juillet 1870. Mais on se rappelle que, dans cette prévision, les mouvements de concentration des troupes commencèrent le 15 juillet. Ce jour-là, le général Bourbaki, qui était de service aux Tuileries, rencontra Napoléon III dans l'escalier du grand pavillon de l'Horloge.

« Général, lui dit l'empereur, je vous ai nommé au commandement du 1er corps d'armée ; seulement, comme le maréchal Regnault de Saint-Jean-d'Angély demande à se retirer, le commandement en chef de ma garde est vacant. Que préférez-vous : commander ma garde ou le 1er corps d'armée ?

— Sire, répondit Bourbaki, je laisse Votre Majesté libre de choisir la place qui me convient.

— Cela n'est pas répondre à ma question, répliqua l'empereur. J'avais eu pour première idée celle de vous mettre à la tête de la garde impériale, dont vous connaissez tous les éléments. Ce serait mon désir, néanmoins je vous laisse le choix. »

Bourbaki opta pour la garde, et c'est ainsi qu'il se trouva, au début de la campagne de France, à la tête du plus beau commandement de l'armée.

On sait que la garde resta à Metz jusqu'au 4 août pour y compléter son outillage de campagne.

La garde impériale devait surtout se distinguer aux combats livrés sous Metz, où elle s'était retirée après les défaites de Forbach et de Frœschwiller.

Rappelons ici un fait important.

Le jour où Bourbaki apprit les deux défaites que nous venons de citer, il alla au-devant du maréchal Bazaine, qui venait précisément visiter les emplacements choisis pour l'établissement des troupes de la garde impériale. Il engagea une courte conversation avec le maréchal.

« Monsieur le maréchal, lui dit-il en le saluant, voudriez-vous me permettre de vous donner un conseil? Il me semble, à mon humble avis, que les plateaux de Frécourt et de Colombiers forment par leur ensemble une très forte position. Si nous les occupions? Devant nous, nous aurions le pied, et, de plus, le pays accidenté et coupé qui permet d'y arriver serait en cas d'attaque la source de grandes difficultés pour l'ennemi. Si ce dernier venait ici nous livrer bataille, nous pourrions très probablement nous rattraper des insuccès de Forbach et de Frœschwiller.

— Vous avez peut-être raison, répondit le maréchal; mais si tout le monde donne son avis, il sera impossible de pouvoir s'y reconnaître. »

Et alors il ordonna la retraite jusqu'à Metz.

Dans cette belle mais désastreuse campagne sous les murs de Metz, la garde impériale se distingua surtout aux bataille de Rezonville, de Saint-Privat et au combat de Noisseville.

Le 16 août, jour de la lutte engagée à Rezonville, allait être un jour de gloire pour les soldats de Bourbaki. La bataille devait être terrible. Écoutez ce récit :

« Soudain se fait entendre un premier coup de canon, puis un deuxième, suivi peu après d'un troisième. Ce sont les Allemands qui nous canonnent à une distance de trois kilomètres.

« Il est neuf heures et demie du matin. Nos soldats relèvent la tête. Un tressaillement de joie et d'impatience parcourt les rangs.

« — Tiens! dit Bourbaki, toujours posté sur son éminence d'où

Sur tous les points la bataille s'engage avec une énergie soutenue.

il peut voir toute la campagne en avant de lui, nous voilà encore engagés comme à Borny, sans que nous nous y attendions. »

Puis se tournant vers Leperche, son premier aide de camp :

« — Nous sommes sous les armes depuis quatre heures du matin; pourquoi diable ne pas avoir marché en avant pour offrir la bataille aux Prussiens, au lieu de l'accepter d'eux? »

« C'est à n'y rien comprendre. Dans chaque escouade, un coup de pied est bien vite donné dans les marmites, les sacs sont bouclés, les bêtes chargées, et chacun court joyeusement à ses armes, à son cheval. Les caissons d'artillerie sillonnent la plaine, au galop de leurs chevaux, foulant les blés par larges places, broyant les épis.

« Bientôt la fusillade crépite, dominée au loin par la voix majestueuse du canon, se faisant entendre à des intervalles réguliers, puis ce sont des cris et le tumulte occasionné par les commandements que répercute l'écho.

. . . .

« Un coup de trompette, et ces soldats, un instant foule désordonnée, font demi-tour, disparaissent dans la poussière et reviennent sur l'ennemi. Parmi eux combien en restera-t-il, lorsque, le soir venu, ils traverseront leur ancien bivouac, noirs de poudre, rouges de sang?...

« Ce retour à l'ennemi coïncide précisément avec une avalanche de troupes allemandes débouchant du défilé de Gorze, à une allure rapide. Sur tous les points, la bataille s'engage avec une énergie soutenue. Les coups de canon se succèdent rapidement, les obus fouettent l'air en sifflant, les boulets ronflent au-dessus des têtes, les balles font entendre leur bourdonnement sinistre; quelques cris, le bruit sourd que fait le projectile en éclatant ou en s'enfonçant dans les terres; un vide aussitôt comblé: tel est l'aspect du champ de bataille au début de l'action.

« C'est surtout l'état-major de Bourbaki qui sert de point de mire au tir de l'artillerie ennemie. Posté sur une hauteur, à découvert, très visible de loin, le général examine le terrain avec sa jumelle de campagne, lorsqu'une balle perdue vient ricocher en avant de lui et s'abat sur les fontes de sa selle en velours cramoisi en frôlant légèrement les oreilles de son cheval. L'animal, qui instinctivement a vu le danger, baisse la tête, agite convulsivement ses naseaux et indique par le tremblement de ses membres que la place où il se tient est dangereuse.

« Bourbaki, tenant la bride courte, se penche sur l'arçon de la selle, allonge la main sur le cou de son cheval, le flatte doucement pour le rassurer, puis, reprenant son aplomb, braque de nouveau sa lunette d'approche sur la plaine et examine les mouvements qui se font autour de lui.

« — Conscrit, as-tu vu le turco bono? dit tout à coup à voix basse un vieux guide de l'escorte du général, s'adressant à son voisin admis depuis peu dans les chasseurs de la garde; ce n'est pas lui qui a peur, c'est le poulet d'Inde.

Vedettes allemandes devant Metz.

« — C'est ma foi vrai, répond avec admiration notre jeune chasseur. Il n'est pas poltron, notre kébir.. »

« Au même moment, un obus vient ricocher en avant du vieux guide en labourant la terre.

« — Oh! le brigand, dit ce dernier en serrant les dents et en suivant le projectile des yeux pour juger de son effet; passe ton chemin, brutal, je ne te connais pas. »

« Un instant après, un boulet arrivant de plein fouet brise les jambes du cheval du jeune conscrit, qui, dans l'escadron, répond au nom du Parisien.

« — C'est toujours comme cela, riposte le vieux grognard. Ces scélérats de boulets passent sans crier gare, et ne nous avertissent que quand on est tué. C'est malsain. Les obus valent mieux : au moins ils s'annoncent, quand ils viennent vous donner une tape [1]. »

Mais la lutte allait continuer acharnée. Autour de Gravelotte et de Rezonville, il n'y avait pas une ferme, pas une maisonnette, pas un hangar qui ne fût garni de soldats.

Les baïonnettes allemandes étaient devenues de plus en plus nombreuses. Sous le feu de leur artillerie, les Prussiens avaient gravi les pentes qui, du fond du ravin de Flavigny, s'élèvent jusqu'au village de Rezonville.

C'est alors qu'accourut le maréchal Bazaine. Se tournant vers le 3ᵉ lanciers de la garde :

« Il faut sacrifier un régiment de cavalerie, » dit-il.

Puis, s'adressant au général Desvaux :

« Les cuirassiers de la garde appuieront la charge du 3ᵉ lanciers. »

Ce fut superbe : cette charge des cuirassiers est restée légendaire. Il s'y passa des actes d'héroïsme, auxquels les écrivains allemands eux-mêmes ont rendu hommage.

Après ces gigantesques charges de cavalerie, Bourbaki jugea opportun de faire entrer en ligne l'infanterie de la garde impériale. Il appela les deux bataillons de zouaves, les grenadiers et les voltigeurs, pour soutenir le bataillon des chasseurs à pied de la garde qui allait fouiller le bois des Oignons.

Ce fut sous un feu écrasant que ces soldats d'élite se lancèrent sur l'ennemi.

Le prince Frédéric-Charles, qui dirigeait en personne les attaques

[1] *Campagne de France.*

contre Rezonville et Gravelotte, vit ses troupes repoussées jusqu'à cinq fois, grâce à la bravoure déployée par les zouaves et les grenadiers, auxquels le général Bourbaki et le commandant Leperche, à cheval, donnent sans cesse des ordres.

A quatre heures du soir, les Prussiens avaient été battus sur toute la ligne. Mais à ce moment arrivaient à leur aide les 7e et 8e corps prussiens, et, devant ce renfort inattendu, la lutte devait reprendre avec acharnement. Le 3e grenadiers eut cinq cents hommes hors de combat.

Vers six heures du soir, une dernière attaque de la cavalerie allemande s'étant prononcée, le régiment des lanciers de la garde commandé par le brave colonel de Latheulade entra en ligne. La mêlée fut générale de part et d'autre ; et quand le ralliement sonna, il manqua dans les escadrons de lanciers cent soixante-dix hommes et dix-sept officiers.

Le colonel de Latheulade, félicité par Bourbaki, était atteint de plusieurs blessures, et son sabre, rouge de sang, avait sa lame brisée.

Ce dernier retour offensif de la cavalerie allemande, suprême effort du prince Frédéric-Charles, marquait la fin de cette sanglante et mémorable journée.

A Saint-Privat, une des plus meurtrières batailles de la guerre de 1870, Bourbaki suppléa à l'indécision du maréchal Bazaine.

Ces vingt mille soldats aguerris, dont le plus grand nombre étaient des héros d'Afrique, d'Italie, de Crimée et du Mexique, allaient-ils rester l'arme au pied, se bornant, de par les ordres de Bazaine, à écouter le canon sans concourir à la défense !

Bourbaki donna des ordres qu'il demandait en vain à Bazaine.

Partout on se fortifia solidement, on construisit des créneaux.

« Voltigeurs de la garde, s'écriait le général de brigade Brincourt en parcourant les premières lignes, il n'y aura pas de ligne de retraite pour vous, j'espère. Vous vous ferez tous plutôt tuer que d'abandonner le poste que le général Bourbaki vous a confié ! »

Mais, hélas ! les voltigeurs restèrent toute la journée sans tirer un coup de fusil.

Ce ne fut que vers six heures du soir que le maréchal donna enfin l'ordre de faire avancer la garde.

Malheureusement il était trop tard, ce dernier effort ne put que sauver l'honneur des armes.

Bourbaki, ayant reçu l'ordre de se mettre en route, ne perdit pas un instant et se porta avec la garde en avant.

Ce fut ce dernier effort qui sauva l'honneur.

Bazaine ordonna la retraite, malgré l'avis de Changarnier, qui soutenait qu'il fallait à tout prix coucher sur le champ de bataille.

Le dernier combat sous les murs de Metz auquel prit part le général Bourbaki fut celui de Noisseville, le 31 août 1870. Cette bataille fut un sérieux succès. La garde s'était rendue maîtresse des villages de Martay, de Colombey, Noisseville. Une dernière fois, ce jour-là, l'armée de Metz avait fait un effort pour rompre le cercle d'investissement de la place.

Quelques jours plus tard, Bourbaki allait commencer son calvaire!

VI

BOURBAKI A METZ. — L'INCIDENT RÉGNIER

Un épisode du siège de Metz. — L'intrigant Régnier. — Un instrument de Bismarck. Un faux envoyé de l'impératrice. — Négociation. — Deux télégrammes. — Le maréchal Canrobert ou le général Bourbaki. — Le dévouement de Bourbaki. — Son explication. — A Chislehurst. — Le récit d'un témoin. — M. Thiers. — Documents officiels. — Les dépêches de M. Tachard, ministre de France. — L'intendant Richard. — M. de Cussy. — Le consul de France. — Une page de Roger de Beauvoir. — La visite de Régnier. — Bourbaki voulant rentrer dans Metz. — Vaine attente. — A Tours. — Bourbaki à Lille. — Une proclamation à l'armée de la Loire.

Le rôle de Bourbaki à Metz a donné lieu à de nombreux et divers commentaires. Il est du plus haut intérêt de dire la vérité sur cet épisode qui constitue une des pages les plus angoissantes de la vie du général.

Le 21 septembre 1870, un intrigant nommé Régnier, instrument de Bismarck, se présentait à Metz, et proposait au maréchal Bazaine de réunir les Chambres dissoutes et de traiter au nom de l'empire. Il se donnait comme envoyé de l'impératrice; la vérité est qu'il avait été éconduit par la souveraine, mais que, se disant prêt à se rendre à Wilhelmshœhe, il avait obtenu quelques lignes du prince impérial sur des vues photographiques de Hastings, soi-disant destinées à l'empereur prisonnier. C'est alors que Régnier partit, non pour Wilhelmshœhe, mais pour Metz, après avoir passé par Ferrières. Régnier parla de ses négociations, du rôle que l'armée de Metz était appelée à remplir et de la nécessité d'envoyer le maréchal Canrobert ou le général Bourbaki à Hastings pour décider la régente à faire la paix.

Bazaine se laissa prendre aux insinuantes propositions de Régnier et donna également sa signature, qui « devait servir de signe de

6

ralliement dans le cas où Régnier retournerait auprès de M. de Bismarck ».

Au camp du prince Frédéric-Charles, où il se rendait le lendemain, Régnier trouvait deux télégrammes du chancelier: l'un apprenait que la négociation d'armistice était rompue avec le gouvernement de Paris; l'autre, par une phrase convenue à l'avance, indiquait que M. de Bismarck autorisait Régnier à faire sortir de Metz le maréchal Canrobert ou le général Bourbaki.

Les Prussiens avaient tout intérêt à négocier; s'ils ne réussissaient pas à traiter, il leur suffisait d'occuper le maréchal pendant trois semaines pour que l'armée cessât d'être un instrument d'action. Ils facilitèrent la mission de Régnier. Le général de Stiehle, pour dissimuler le départ de l'officier général qui accompagnerait le négociateur, proposa un expédient ingénieux.

Le gouvernement luxembourgeois avait demandé au quartier général prussien des passes pour sept médecins qui étaient entrés dans Metz avec leurs ambulances. Le général de Stiehle transmit, en l'appuyant, cette demande au maréchal Bazaine. Au lieu de sept médecins, il en compta neuf, ce qui pouvait permettre à Régnier et à son compagnon de sortir incognito au milieu des Luxembourgeois.

Le même jour, Régnier était mis en présence du maréchal Canrobert et du général Bourbaki. Le maréchal, souffrant d'une ancienne blessure, doutant peut-être de l'issue de la négociation, déclina l'offre de Régnier. Sur les instances de Bazaine, Bourbaki se dévoua et consentit à partir.

« Le 24 septembre, a-t-il expliqué lui-même, nous ne pouvions plus sortir parce que nous n'avions plus d'attelages capables de porter nos pièces à une demi-étape. L'armée devait finir ou par une capitulation ou par une destruction; il n'y avait plus d'autres ressources. L'intérêt de la France se trouvait complètement d'accord avec celui de l'armée, c'était de faire la paix pendant qu'il y avait une armée très respectable et respectée à Metz, et que l'armée tenait encore.

« Régnier avait l'air de dire que c'était très avancé, qu'il ne fallait qu'une chose, un peu d'appui moral auprès de l'impératrice, pour que la paix fût faite. Cela semblait quelque chose de très en train. »

Donc, Bourbaki partit, déguisé en médecin, suivant Régnier,

jusqu'au quartier général prussien. Régnier devait se rendre auprès
de M. de Bismarck, tandis que le général pointait sur l'Angleterre,
où il devait, sans instructions bien détaillées, — tant on croyait la
chose en train, — sonder les dispositions de l'impératrice et lui
faire connaître l'état de l'armée.

En chemin, — c'est le procès Bazaine qui nous fait connaître ces
détails, — divers signes d'intelligence entre Régnier et les Prussiens inquiétèrent le général ; il vit que son incognito était dévoilé,
et il conçut des soupçons sur la sincérité de son guide. Mais il était
engagé, il croyait sans doute à ce genre de négociations indirectes,
qui ne sont pas sans exemples dans les annales de la France ; il fallait aller jusqu'au bout.

Tandis que Régnier se rendait à Ferrières, Bourbaki arrivait
à Chislehurst, nouvelle résidence de l'impératrice. La plus cruelle
déception l'y attendait.

« La visite du sieur Régnier était complètement oubliée, raconte
un témoin, lorsque vers le 27, je crois, j'entendis le bruit d'une
voiture, et parmi les personnes qui en descendirent je reconnus le
général Bourbaki.

« Très étonné, je me précipitai vers lui et lui dis :

« — D'où venez-vous, général ? Metz s'est donc rendu ? »

« Le général devint très pâle et répondit :

« — Vous ne m'attendiez pas, n'est-ce pas ?

« — Non.

« — Ah ! on m'a trompé. »

Bourbaki a raconté lui-même ses entrevues avec l'impératrice,
stupéfaite de le voir.

« Je lui racontai ce que je savais de l'armée de Metz, et je lui dis
que très certainement elle serait réduite à une perdition matérielle
ou morale. Je lui dis encore dans quel état étaient les villages de
la Lorraine, et elle eut alors un paroxysme de douleur tel que cela
m'empêcha de continuer la conversation.

« Le lendemain matin, je la revis de bonne heure, et elle me dit
qu'elle était complètement décidée, qu'elle croirait entraver le gouvernement de la défense nationale, qui, au total, pouvait faire un
miracle en traitant avec qui que ce soit, que par conséquent elle
refusait de traiter. »

C'était le moment où M. Thiers s'efforçait d'obtenir la médiation
des puissances. On sait que les négociations ne devaient pas aboutir.

L'historique complet de cette aventure est d'ailleurs précisé par des documents officiels, par les dépêches que M. Tachard, ministre de France à Bruxelles, aux jours de l'année terrible, adressait quotidiennement au délégué du gouvernement à Tours. En voici d'ailleurs les textes, copiés sur documents revêtus de la signature même de M. Tachard, au crayon violet, en garantissant la parfaite exactitude.

« Bruxelles, 5 octobre 1870, 6 heures du soir.

« *Le ministre de France au délégué du gouvernement à Tours.*

« On disait hier à table, chez le ministre d'Autriche ici, que le général Bourbaki était à Londres, envoyé en mission par Bazaine. Des renseignements sûrs, pris ce matin, m'apprennent que Bourbaki est à Londres, où sa femme, qui ignorait son voyage, l'a rejoint.

« Les négociations avec Bazaine continuent. La Prusse lui offre des conditions plus favorables que celles imposées à Favre. La question de la régence reste dans l'ombre. Les maréchaux iraient à Paris avec leur armée, sous prétexte de rétablir l'ordre et de permettre à la France d'élire en paix la Constituante. L'espoir de Wilhelmshœhe est que Bazaine va proclamer la régence malgré les autres maréchaux et généraux.

« Le seul moyen de déjouer ce complot consiste à faire savoir à l'armée, à Metz, la vérité sur la situation politique et l'acceptation de la République partout.

« Je vais essayer d'un nouveau moyen de communiquer avec Metz. J'ai celui de faire reconnaître mon envoyé, s'il parvient à traverser les lignes prussiennes.

« L'intendant Richard vient d'arriver, porteur de cent mille francs. C'est bien tard pour les rapatriements.

« Une dépêche de l'agence Havas, venant de Londres et que je reçois à l'instant, dit que le général Bourbaki a pu rentrer dans Metz avec l'autorisation des Prussiens.

« TACHARD. »

« Bruxelles, 6 octobre 1870, 5 heures.

« *Le ministre de France au délégué du gouvernement à Tours.*

« Renseignements certains dont j'indiquerai la source plus tard et dont j'affirme, dès à présent, la complète exactitude:

« S'il y a des espérances de régence Bazaine nourries à Wilhelmshœhe et favorisées par la Prusse, l'impératrice ne les partage pas
et refuse absolument de les accueillir. Bourbaki a dû emporter à
Metz la conviction que l'impératrice et le prince impérial ne ser-
viraient en rien les ambitions, si elles existent.

« Mme Bourbaki est restée à Londres indisposée. Je ne puis affirmer si le général Bourbaki a repassé les lignes prussiennes, mais
je sais qu'il est sorti de Metz sous un déguisement à l'insu de tous.

« Le général Chazal a dit aujourd'hui que l'artillerie prussienne
de siège est plus formidable encore que celle de campagne, et que
les projectiles apportés de la Baltique épouvanteront le monde.

« TACHARD. »

« Tours, 7 octobre 1870, 10 heures 41 du soir.
« Reçue à Bruxelles 8 octobre 1870, 10 heures du matin.

« *M. Crémieux au ministre de France à Bruxelles.*

« Priez le général Bourbaki, de la part du gouvernement et dans
l'intérêt de la patrie, de se rendre à Tours, où il sera admirablement
reçu et où il peut rendre les plus grands services au pays.

« CRÉMIEUX. »

« Bruxelles, 7 octobre 1870, 4 heures du soir.

« *Le ministre de France au délégué du gouvernement à Tours.*

« Une dépêche de M. de Cussy m'informe que le général Bourbaki
est à Luxembourg, cherchant à rentrer dans Metz et disant que s'il
n'y réussit pas, il ira à Tours se mettre à la disposition du gouvernement.

« TACHARD. »

« Luxembourg, 7 octobre 1870.

« *Le consul de France à Luxembourg au ministre de France
à Bruxelles.*

« Le général Bourbaki est ici : il cherche à retourner à Metz ; s'il
échoue, il ira à Tours se mettre à la disposition du gouvernement. Je viens à Bruxelles vous remettre lettres et renseignements.

« CUSSY. »

On va lire plus loin le texte même de la lettre dans laquelle le général rend compte de la mission dont le chargeait le maréchal Bazaine.

« Bruxelles, 8 octobre 1870.

« La copie qui suit et que j'ai prise moi-même d'une lettre qui m'a été remise ouverte par M. de Cussy, notre consul à Luxembourg, a pour but de conserver un document authentique qui peut servir un jour à la justification d'un officier général.

« TACHARD. »

« Monsieur le ministre,

« Une aventure des plus extraordinaires m'a fait sortir de Metz. Un M. Régnier est venu voir le maréchal Bazaine. Il disait que M. de Bismarck traiterait avec l'impératrice à des conditions possibles pour la France.

« Le 24, je revenais du fort Saint-Julien vers cinq heures; mon chef d'état-major me dit que le maréchal Bazaine me faisait chercher partout et qu'un officier était porteur d'une lettre pour moi.

« Pendant cette conversation, je reçus un télégramme du maréchal qui m'ordonnait de me rendre de suite chez lui.

« Le maréchal me mit en rapport avec M. Régnier, qui était avec lui depuis plusieurs heures.

« Ce M. Régnier me dit, entre autres choses, qu'il espérait porter bientôt un traité à signer à l'impératrice.

« Le maréchal me dit que S. M. l'impératrice désirait avoir auprès d'elle ou le maréchal Canrobert ou moi, et que lui, le maréchal Bazaine, me proposait d'autant plus de me rendre auprès de Sa Majesté que ma position d'aide de camp de l'empereur et de commandant de la garde impériale me désignait pour cette situation; que le maréchal Canrobert était peu ingambe et qu'il ne pouvait pas aller à Londres. Je répondis que j'étais prêt à faire tout ce qui pourrait être utile à la France et à notre armée; mais que je ne voulais aucune équivoque sur ma position et ne partirais que sur un ordre du général en chef M. Bazaine, et avec l'assurance qu'il mettrait au rapport du jour la cause de mon absence momentanée de l'armée. Le maréchal m'a donné un ordre écrit. Devant le maréchal Canrobert, le maréchal Bazaine a pris tous ces engagements.

« Le maréchal Bazaine m'a donné ses habits bourgeois, a ôté ses bretelles pour me les donner, m'a procuré une casquette avec la croix des médecins de la Société internationale, et, vers sept heures, j'ai suivi M. Régnier.

« Les avant-postes passés, il a été évident pour moi que les Prussiens savaient qui j'étais et que je passais avec l'autorisation de M. de Bismarck.

« Bref, je suis arrivé à Chislehurst, et Sa Majesté m'a dit qu'elle n'avait jamais exprimé le désir d'avoir ou le maréchal Canrobert ou moi auprès d'elle.

« Cette déclaration, dont j'avais le pressentiment depuis que j'avais lu les papiers publics, m'a frappé au cœur. Tout en étant couvert par l'ordre de mon chef, je me trouvais en fausse position.

« J'ai écrit à lord Granville, premier ministre de la reine d'Angleterre, pour le mettre au courant de ma position et le prier d'obtenir pour moi l'autorisation de reprendre mon poste.

« J'ai la réponse qui m'assure que, d'après les avis reçus, l'on me laisserait rentrer à Metz, que M. de Bismarck en a donné l'ordre.

« Je suis à Luxembourg. J'attends une réponse du général Stolz, et je me mettrai de suite en route pour mon poste. Si, contrairement à mes désirs, je ne parvenais pas à rejoindre nos soldats, je me mettrais à la disposition du gouvernement provisoire en me rendant en France.

« Ceci rapidement dit, je vais avoir l'honneur de vous donner des nouvelles de l'armée sous Metz.

« Les soldats ont des cartouches pour une journée de bataille. Les caissons d'artillerie sont moins bien pourvus. La ration des hommes était à mon départ de cinq cents grammes de pain par jour et de quatre cents grammes de viande de cheval. Le sel manquait, ainsi que les souliers et les couvertures. La ration de pain devait être réduite à trois cents grammes. Les chevaux recevaient trois kilos les uns, deux kilos les autres, de graines de toute espèce. Les chevaux souffraient beaucoup, et il doit y en avoir bien peu en état de servir.

« Les hommes se portaient bien, leur discipline se conservait excellente. Le maréchal n'avait reçu aucune nouvelle du gouvernement depuis le 24 août. Des prisonniers nous ont dit le désastre de Sedan et la création du gouvernement de la défense nationale. Le maréchal croit être entouré par deux cent cinquante mille Prussiens. Si les maladies ne s'implantent pas trop cruellement à Metz et dans le camp, je crois que l'armée peut encore tenir un mois. Il n'y a plus dans Metz que douze ou quinze mille blessés, les autres sont guéris ou morts. Le chiffre des combattants de l'armée sous Metz est d'environ quatre-vingt-dix mille hommes; mais avec les habitant, les isolés, les différents services, on dit avoir cent quatre-vingt mille bouches à nourrir.

« Voilà à peu près ce qu'il peut vous être utile de savoir sur la critique position de notre armée dans Metz.

« Agréez, monsieur le ministre, l'hommage de mon respect.

« BOURBAKI. »

En prenant copie de cette lettre, M. Tachard tenait formellement à couvrir aux yeux de la postérité la réputation du général Bourbaki, et ce document, il l'a précieusement conservé, pressentant les accusations qui ne manqueraient certainement pas de pleuvoir sur tous les acteurs de ce drame militaire.

Il avait raison. Le nombre des suspects était grand alors. Il considérait comme de son devoir de tâcher de sauver au moins la mémoire d'un brave officier qui, après avoir vécu et combattu sans peur, méritait de finir sans reproche.

Au sujet de cette affaire Régnier, notre cher confrère Roger de Beauvoir a écrit cette curieuse page [1] :

« On se rappelle peut-être cet énigmatique personnage, mêlé on ne sait pourquoi ni comment à la sanglante épopée de Metz, et qui, traduit devant le deuxième conseil de guerre séant à Paris, était accusé :

« 1º D'avoir, en 1870, entretenu des intelligences avec l'ennemi dans le but de favoriser ses entreprises;

« 2º D'avoir commis le crime d'espionnage en s'introduisant dans une place de guerre pour s'y procurer des documents et renseignements dans l'intérêt de l'ennemi;

« 3º Enfin, d'avoir entretenu des intelligences avec les ennemis de l'État, à l'effet de leur livrer les place, forteresse, magasins et arsenaux de la ville de Metz, crimes punis par les articles, etc.

« Déclaré coupable sur les trois chefs d'accusation, le 2 septembre 1874, le conseil de guerre condamna Régnier, par contumace, à la peine de mort.

« Mais qu'était-il devenu?

[1] *Les Disparus.*

« Quand, plus tard, je préparais pour le *Figaro* une troisième série : *Disparus,* on me pria de l'y comprendre.

« J'eus, je l'avoue, toutes les peines du monde à le découvrir. Les uns affirmaient l'avoir vu à Constantinople quelques jours avant la réunion de la conférence où devaient se discuter les graves questions qui mettaient alors l'Orient en feu.

« D'autres le signalaient aux États-Unis, dirigeant une importante maison de verrerie.

« Enfin, des journaux l'avaient tué avec ensemble, dès 1878, en annonçant qu'il laissait de curieux mémoires.

« Comme je désirais être fixé sur les agissements de cet homme étrange, je m'adressai au général Bourbaki qui voulut bien répondre à toutes mes questions.

« — Je crois Régnier mort en Allemagne. Il est exact qu'il me proposa, en passant à Corny, de voir le prince Frédéric-Charles ; il trouvait cela tout naturel, et sembla on ne peut plus étonné de mon énergique refus. Je partis de Corny avec les médecins luxembourgeois. Régnier resta dans cette localité pour, me disait-il, se rendre auprès de M. de Bismarck. Régnier tendait surtout à jouer un grand rôle, et son esprit mal équilibré lui faisait voir comme des certitudes tout ce qui passait dans sa pauvre tête. Vous savez le reste de l'aventure? Que déduire de tout cela? C'est que Régnier croyait pouvoir faire signer un traité de paix à l'impératrice avec la Prusse. Pour moi, sous l'apparence d'une raison ordinaire, Régnier avait un cerveau d'illuminé et de fou, et il a cherché à se donner un rôle impossible. Je suis convaincu que M. de Bismarck a accepté de se servir de cet homme pour essayer d'arriver à une paix fructueuse avec l'impératrice. A ce moment, il ne croyait pas au gouvernement du 4 septembre. Il craignait encore l'armée de Metz, qui n'était pas réduite par la famine. Il suivait la création de l'armée de la Loire et prévoyait un long séjour devant Paris. Il a donc reçu avec intérêt les propositions de paix que venait lui faire Régnier, et a laissé cet homme courir partout où il a voulu. C'est ainsi qu'il alla à Chislehurst deux fois, à Wilhelmshœhe une fois, et au quartier de Bazaine. Rien ne m'a fait supposer que Régnier fût un espion vendu à nos ennemis et cherchant le lucre au détriment de la France. Le jugement qui l'a frappé n'en est pas moins juste, car il a été le châtiment de ses mensonges, de ses intrigues et de ses rapports avec l'ennemi, n'ayant aucune mission pour cela ni du nouveau ni de l'ancien gouvernement. »

« Au moment où le conseil de guerre prononçait son arrêt de mort, celui qu'on appelait le mystérieux négociateur de Metz, l'envoyé d'Hastings, l'espion prussien, s'était réfugié en Angleterre.

« Il avait installé à Saint-Laurence, sur un admirable plateau qui domine Ramsgate, une blanchisserie d'où il retirait de maigres bénéfices.

« C'est là que, en 1886, est mort Edmond Régnier, « le blanchisseur. »

Bourbaki demanda vainement à rentrer dans Metz; aucune réponse ne vint de l'état-major allemand. Le général écrivit alors à l'amiral Fourrichon, ministre de la guerre et de la marine à la délégation de Tours.

« De deux choses l'une, disait Bourbaki dans sa lettre : ou j'obtiendrai des autorités allemandes le passeport que je sollicite pour rejoindre mon poste à Metz, ou, si elle est contraire à mes désirs, à mes espérances, mon devoir sera de me rendre à Tours, pour me mettre à la disposition du gouvernement provisoire et aider à la défense du pays. »

N'ayant pas reçu de réponse des autorités allemandes, Bourbaki quitta le Luxembourg le 9 octobre et se rendit à Tours. On lui confia alors le commandement de la région du Nord.

Arrivé à Lille, Bourbaki créa, en moins de douze jours, un petit corps d'armée de dix-huit mille hommes, auquel il adressa la proclamation suivante :

« Lille, 29 octobre 1870.

« Citoyens, gardes nationaux et gardes mobiles,

« J'ai été appelé par le ministre de la guerre au commandement militaire de la région du Nord. La tâche qui m'incombe est bien grande, et je la trouverais au-dessus de mes forces si je n'étais pas soutenu par les sentiments de patriotisme qui nous animent tous. Mes efforts tendent à créer le plus vite possible un corps d'armée mobile, qui, pourvu d'un matériel de guerre, puisse tenir la campagne et se porter au secours des places fortes que je me hâte de mettre en bon état de faire.

« Pour moi, qui ai loyalement offert mon épée au gouvernement de la défense nationale, ma vie appartient à l'œuvre commune qu'il poursuit avec vous, et vous me verrez au moment du danger à la tête des troupes organisées pour remplir cette tâche et faire payer cher à notre implacable ennemi chaque pas qu'il fera sur notre territoire.

« Il faut que la concorde et la confiance règnent parmi vous, que vos cœurs ne soient animés que du désir de sauver et de venger notre malheureuse France.

« Vous pouvez compter sur le plus énergique concours et sur le dévouement le plus absolu de ma part, comme je compte sur votre courage et votre patriotisme.

« C. BOURBAKI. »

Des menées politiques forcèrent Bourbaki à quitter Lille. Il se rendit alors à l'armée de la Loire, qu'il ne devait pas non plus tarder à quitter pour former l'armée de l'Est.

VII

> L'abnégation du guerrier est une croix plus lourde
> que celle du martyr. Il faut l'avoir portée pour en
> savoir la grandeur et le poids.
>
> (A. DE VIGNY.)

> O France! douce France! ô ma France chérie!
> Rien n'épuisera donc ta force et ton génie!
> Terre du dévouement, de l'honneur, de la foi,
> Il ne faut donc jamais désespérer de toi,
> Puisque, malgré tes jours de deuil et de misère,
> Tu trouves un héros dès qu'il est nécessaire.
>
> (Henri DE BORNIER.)

> Fuyez. . . . .
> Satellites obscurs et souillés d'attentats,
>   Impitoyables soldats,
> Dont le sang des vieillards, des enfants et des femmes
>   Cimente les exploits infâmes!
> Fuyez... Osez-vous bien chercher de vrais combats?
> Apprenez, apprenez, lâche et noire milice,
>   Que si l'enfer fait des bourreaux,
>   Au jour marqué pour sa justice,
>   Le ciel vengeur fait les *héros*.

Le 19 décembre 1870, le gouvernement de la défense nationale arrêta le plan d'une grande opération militaire ayant pour but de faire une diversion du côté de Belfort.

Bourbaki fut chargé d'exécuter ce plan. Les ennuis et les peines allaient commencer pour lui.

Le 21 décembre, Bourbaki se dirigeait sur Nevers; mais le mouvement de ses troupes ne put s'accomplir que dans un délai de plus de huit jours, car rien n'avait été prévu.

Le froid augmentait, et de malheureux soldats restaient deux journées entières en wagons par un froid de quatorze degrés.

Des chevaux mouraient et les hommes tombaient malades. Les trains s'arrêtaient à chaque instant, et le moral des soldats s'ébranlait.

Bourbaki arrive à Chalon le 30, et se met à la tête de son armée.

Le général Chanzy.

Mais les Allemands n'étaient pas restés inactifs : von der Thann avait replié ses troupes pour garder les communications allemandes avec les Vosges.

La campagne s'engagea réellement le 31 décembre.

« Déjà cependant, dit M. Ch. de Mazade, Bourbaki s'aperçut vite que les vivres manqueraient et que les provisions d'avoine pour les chevaux ne dureraient pas longtemps. Il changea alors son plan.

Le 8 janvier, il adressait à Chanzy la dépêche suivante datée de Montbozon :

« J'ai quitté Bourges pour faire évacuer Dijon, Gray et Vesoul, et lever le siège de Belfort. Les garnisons allemandes des deux premières villes se sont retirées sans combat. Il peut se faire que notre première rencontre ait lieu à Villersexel, point d'intersection des routes de Vesoul à Montbéliard et de Lure à Besançon. »

On voit que Bourbaki avait bien prévu ce qui allait se passer. Le 6, il transportait son quartier général à Montbozon-sur-l'Oignon, un joli village de la Haute-Saône, qui se trouve sur la ligne de chemin de fer de Vesoul à Besançon. Ce même soir, à sept heures et demie, il télégraphiait au ministre de la guerre, délégué à Bordeaux, qui était alors M. Ch. de Freycinet :

« Montbozon, 6 janvier 1871, 7 heures 30 du soir.

« L'ennemi manœuvre de son côté pendant que nous manœuvrons du nôtre. Je me renseigne sur les forces occupant Villexersel ; c'est là probablement qu'aura lieu le premier choc.

« Les convois arrivent très difficilement par le temps actuel ; les routes sont très glissantes. Je serai probablement obligé de ne pas faire un mouvement demain. Je n'ai d'ailleurs connaissance, quant à présent, que de l'arrivée d'une seule brigade du 15ᵉ corps à Besançon, ce qui me retarde encore.

« BOURBAKI. »

Bourbaki s'arrêtait le 7 et le 8 pour pouvoir donner à manger aux hommes et aux chevaux, dont les fatigues n'avaient pas peu contribué, en même temps que les privations, à entamer le moral. Il fallait toute la popularité de Bourbaki pour remettre le tout au point.

Le 7, le général télégraphiait à l'intendant en chef :

« Montbozon, 7 janvier 1871, 8 heures du soir.

« Réunissez le plus d'approvisionnements possible et requérez toutes les voitures nécessaires pour faire parvenir aux corps d'armée les vivres dont ils ont besoin, et qui vont leur faire défaut si les convois, retardés par les difficultés que présentent les routes, ne pouvant transporter qu'une quantité de denrées beaucoup moindre, ne sont pas plus nombreux. Dirigez ceux du 18ᵉ corps et du grand quartier général sur Montbozon, ceux du 20ᵉ et du 24ᵉ sur Rougemont.

« Le 15ᵉ corps reçoit l'ordre de se porter de Clervol sur ce dernier point.

« BOURBAKI. »

Cependant, à Bordeaux, on voulait une marche en avant quand même. M. de Freycinet envoyait, en effet, la dépêche suivante à Bourbaki :

« Bordeaux, 7 janvier 1871, 11 heures 45 du matin.

« Votre dépêche de ce matin, une heure et demie, m'annonce que probablement vous ne ferez pas de mouvement aujourd'hui, et que, d'ailleurs, vous n'avez connaissance que de l'arrivée d'une brigade à Besançon. Je suis surpris que cette dernière circonstance puisse causer votre inaction ; car votre mouvement avait été entrepris sans qu'il fût même question de faire venir le 15e corps, et le mouvement de celui-ci a été plus rapide qu'il n'était permis de l'espérer, puisque quarante-cinq mille hommes auront été embarqués en trois jours et demi.

« Je ne m'expliquerais donc pas que ce fût là un motif de retarder vos opérations. Je ne saurais trop vous recommander, au contraire, de les accélérer ; car, d'une part, Paris mange toujours, et, d'autre part, il arrive contre vous des renforts qui finiront par vous rendre inférieur. Voilà déjà beaucoup de temps écoulé, et je vous engage à activer tous ces mouvements. La difficulté des routes, que vous mettez en avant, n'arrête pas les Prussiens, dont la marche est pour le moins deux fois aussi rapide que la vôtre.

« Vous avez annoncé vous-même que vous serez à Vesoul le 5 ou le 6 janvier, et je voudrais être sûr que vous y serez le 8.

« Je vous envoie un ingénieur des mines, M. Leblanc, natif de Belfort, et qui connaît parfaitement les Vosges. Il pourra renseigner à l'occasion votre état-major.

« DE FREYCINET. »

Que de circonstances cependant expliquaient la lenteur de la marche de l'armée de l'Est! Le 8, le général Bourbaki, suivi de ses officiers et de quelques cavaliers d'escorte, pousse une reconnaissance vers Villersexel.

« Arrivé aux grand'gardes, raconte M. Louis d'Eichtal, qui fut officier d'ordonnance de Bourbaki en 1870-1871, un officier lui rendit compte que l'ennemi avait évacué cette ville. Le général alla jusqu'à près de ce point, afin de pouvoir juger par lui-même de la situation, puis il rentra à Montbozon pour donner l'ordre de marche du lendemain. »

Voici donc l'ordre de marche du 8 janvier 1871 ; elle a une grande importance, car Bourbaki devait remporter sur l'ennemi une grande victoire, si rare, hélas ! dans cette triste période de l'année terrible !

ORDRE DE MOUVEMENT POUR LE 9 JANVIER 1871

« Montbozon, 8 janvier 1871.

« L'armée continuera demain, 9 du courant, le mouvement commencé les jours précédents.

« La partie disponible du 15ᵉ corps occupera les positions qui s'étendent le long de la route de Fontaine à Belfort par Arcey, depuis Laguinguette jusqu'au village d'Ornans.

« Le 14ᵉ corps appuiera son extrême droite au ruisseau du Secy ; il occupera Villechevreux et s'étendra par sa gauche jusqu'à Corfans et Grammont.

« Le 20ᵉ corps occupera les villages de Villargent, Villiers-la-Ville et les Magny.

« Le 18ᵉ corps occupera Villersexel, Autrey-le-Vay, Esprels, le bois de Chossez.

« La réserve occupera Abbinans et Cubry.

« La brigade de cavalerie de réserve sera cantonnée à Fallon.

« Le grand quartier général sera établi à Bournel, entre les villages de Cuse et de Cubry.

« Toutes les dispositions prescrites les jours précédents pour assurer la sécurité des troupes pendant la durée du mouvement, comme pour mieux dissimuler notre marche à l'ennemi et pour relier les corps entre eux, seront scrupuleusement observées.

« Tous les envois du 18ᵉ corps seront tenus sur la rive gauche de l'Oignon.

« Les troupes laissées sur la rive droite recevront des instructions précises pour passer l'Oignon, si elles se trouvaient obligées de se replier devant des forces supérieures.

« Les reconnaissances seront poussées au loin et faites avec le plus grand soin.

« Les commandants de corps d'armée feront connaître au général en chef le point choisi par eux pour établir leur quartier général.

« Le général en chef commandant la première armée,

« BOURBAKI. »

Le 9, le général établit son quartier général au château de Bournel, à Cubry, sur la hauteur, au-dessus de Cubriol.

Sitôt descendu de cheval, comme il entendit le canon, il remonta en selle et se dirigea du côté du combat.

Voici ce qui s'était passé. Dans la nuit, l'ennemi avait réoccupé Villersexel, et le 18ᵉ corps, au cours de la marche, s'était heurté aux Allemands.

Il fallait à tout prix s'emparer de Villersexel, car cette place commande les routes de Montbéliard à Vesoul et de Lure à Besançon.

Avec un admirable ensemble, le 20ᵉ corps prit aussitôt contact avec l'ennemi. Le général Bourbaki arrive tout de suite en première

Les soldats de Clinchant furent obligés de faire le siège des maisons une à une.

ligne, fait ouvrir le feu de l'artillerie contre deux divisions bavaroises et ordonne au général Clinchant d'entrer avec ses troupes dans Villersexel.

La bataille, qui avait commencé à cinq heures du matin, dura jusque dans la nuit, fort tard, et le combat fut surtout acharné dans le château de Villersexel, qui devint la proie des flammes.

Les soldats de Clinchant furent alors obligés de faire le siège des maisons une à une.

L'ennemi se trouvait retranché fortement dans une maison sur la route de Lure.

7

« Nous ne pûmes nous en emparer, raconte d'Eichtal, qu'en y mettant le feu. »

Comme, à un certain moment, les soldats paraissaient faiblir, Bourbaki retrouva toute son ardeur. Il se précipita en avant l'épée à la main. Son œil lançait des éclairs et sa voix dominait le tumulte du combat. C'est alors que l'héroïsme des troupes fut admirable.

Le village fut de nouveau envahi; Villersexel était en notre possession, et, après avoir abandonné quatre mille tués ou blessés, les Allemands battaient en retraite du côté de Belfort.

Dans la nuit du 9 au 10 janvier, à minuit et demie, Bourbaki télégraphiait au ministre de la guerre :

> « Bournel, 10 janvier 1871, minuit et demi.

« L'armée a exécuté, hier 9, le mouvement ordonné. Le général Clinchant a enlevé avec un entrain remarquable Villersexel; le général Billot a occupé Esprels et s'y est maintenu.

« Nous sommes maîtres de nos positions; tous les ordres sont donnés pour répondre convenablement à une attaque de l'ennemi, si elle venait à se produire, ou pour prendre telle autre disposition que les circonstances rendraient nécessaire.

> « BOURBAKI. »

Le ministre répondit de suite :

> « Bordeaux, 10 janvier 1871, 5 h. 50 du soir.

« M. de Serres, par une dépêche de ce jour, me fait connaître la *splendide attitude* que vous avez eue dans la journée d'hier. Elle ne m'étonne pas, mais *j'en suis glorieux pour la France*. Elle est pour moi la garantie de nouveaux succès.

> « DE FREYCINET. »

A minuit, le jour même, le ministre de la guerre envoyait un nouveau télégramme dans lequel il félicitait le général Bourbaki de la brillante victoire remportée à Villersexel.

« C'est le couronnement mérité de la savante manœuvre que vous exécutez depuis quatre jours, avec autant de hardiesse que de prudence, entre les deux groupes de forces ennemies. »

Mais, hélas! toutes ces félicitations ne devaient pas continuer, et les déboires allaient venir pour Bourbaki, à la suite du plan inadmissible du ministre, qui voulait absolument qu'on marchât sur Auxonne.

VIII

DÉSASTRES ET DÉSESPOIR

Les désastres. — L'armée de l'Est en marche. — L'abandon du Lomont. — Une heure terrible. — Désespérance du général Bourbaki. — Un moment de défaillance. — Le récit du lieutenant-colonel Leperche. — Le général Billot. — De Massa. — Le général Borel. — En route pour Pontarlier. — Un télégramme de de Freycinet. — Le général Clinchant. — L'armée en Suisse.

Mais de nouveaux désastres allaient se joindre aux ennuis supportés par l'armée de l'Est, et tout allait contribuer à l'accabler.

Pour comble de malheur, les soldats de la garde mobile abandonnèrent subitement le Lomont, chaîne de montagnes qui est parallèle au cours du Doubs et qui défend l'accès du plateau.

A cette heure terrible, où tout paraissait l'abandonner, Bourbaki, le brave, l'ancien soldat d'Afrique, l'ancien commandant en chef de la vieille garde impériale, eut un de ces accès de désespoir que tout réprouve. Il tenta de mettre fin à ses jours.

A la seule pensée qu'il aurait peut-être fallu se rendre, Bourbaki sentit chez lui le sentiment de l'honneur se révolter. Son âme, jusque-là vaillante, eut une grave défaillance; elle plia sous cette suprême et terrible épreuve.

C'est ici qu'il faut lire ces pages écrites par le lieutenant-colonel Leperche dans son carnet de notes à la suite de ce tragique événement; elles n'excusent pas cet acte désespéré, auquel on ne devrait jamais penser, mais elles expliquent les circonstances qui l'ont fait naître.

« Jeudi, 26 janvier 1871.

« Le froid est peu intense, mais les routes sont glissantes; elles le deviennent surtout à partir de midi; alors commence le dégel à la surface des parties gelées.

« Après les émotions de la veille et de la nuit, les mauvaises nouvelles reçues, nous montons à cheval avec le général, à huit heures du matin. La tristesse est peinte sur sa figure. Mieux que personne il se rend compte de la gravité de la situation; plus que personne il en éprouve un violent chagrin. En approchant de la porte Raivotte, il constate avec peine que le 18e corps n'a pas encore achevé son mouvement; il rencontre des batteries d'artillerie arrêtées par des encombrements. Plus loin, c'est l'infanterie qui marche avec peine et qui se croise avec des traînards de la 3e légion du Rhône. Le général Rolland, homme honnête par excellence, plein de droiture, mais possédant au plus haut degré la rudesse du marin, se trouve sur les lieux. Il recommande aux hommes de serrer leur distance pour ne pas allonger la colonne; il accompagne pendant quelques instants le général Bourbaki, puis prend congé de lui en lui serrant la main.

« Nous ne tardons pas, en suivant la superbe route en corniche qui conduit au village de Messe, à rencontrer des voitures d'artillerie, des voitures de réquisitions, des voitures de toute sorte encombrant de plus en plus la route sans voir la possibilité de les dégager. Aucune des prescriptions si sages du général n'avait été observée; les voitures étaient sur deux et trois de front, beaucoup placées obliquement et dételées; leurs conducteurs étaient absents. Aucun fractionnement du convoi n'avait été opéré pour réparer les fautes commises, parer aux circonstances imprévues; personne, d'ailleurs, ne semblait s'être préoccupé des ordres donnés : les hommes, quelquefois des sous-officiers auxquels on s'adressait étaient incapables de faire connaître le service ou le corps auquel ils appartenaient. A peine trouvait-on de loin en loin un officier ou un sous-officier à qui l'on pût s'adresser. En maints endroits il était presque impossible de passer à cheval entre les voitures. Ce spectacle attrista profondément le général. Après avoir essayé en vain sur plusieurs points de faire cesser l'encombrement, voyant tout le mouvement arrêté, il se retourna vers moi et me dit :

« — Mon pauvre ami, l'armée est perdue; notre mouvement ne s'exécutera jamais à temps. »

« En parlant ainsi, le général paraissait navré; il avait la mort dans l'âme. J'essayai de lui faire entendre quelques paroles d'espérance; il ne parut y ajouter aucune foi. Je lui promis de m'employer de mon mieux à faire cesser cet encombrement en gagnant le plajeau et faisant marcher la tête le plus rapidement possible.

« Nous nous rendîmes alors à la bifurcation des routes de Maiche et de Pontarlier qui précède immédiatement un tunnel. Là le général Bourbaki, aidé de ses officiers, déploya toute l'énergie possible pour engager sur la route de Maiche l'artillerie et les bagages du 18ᵉ corps, — car les bagages, malgré les ordres donnés, se trouvaient au milieu de la colonne au lieu de se tenir à six ou huit kilomètres en arrière, — et pour engager sur celle de Pontarlier, comme dans un petit chemin plus à droite en sortant du tunnel, et faire parquer en dehors de la route toutes les voitures, notamment celles du grand parc d'artillerie, qui avaient été mises en route en même temps que les troupes du 18ᵉ corps sans que l'ordre en eût été donné.

« Toutes ces voitures n'ont pas seules contribué à accroître les embarras de la route.

« La pente à la sortie du tunnel était assez grande, surtout en raison de l'état de la route, pour produire à chaque instant des accidents; les chevaux glissaient, s'abattaient, et l'on avait toutes les peines du monde à les relever. J'ai dit quelle était l'absence des cadres; je dois ajouter que l'inexpérience des hommes était entière. Aucun d'eux ne savait enrayer convenablement; les uns ne mettaient pas même le sabot, d'autres se contentaient de le placer sur la roue, ce qui suffit dans les temps ordinaires, mais ce qui ne remplit qu'imparfaitement le but avec un état si exceptionnel des voies de communication. Nous étions obligés presque pour chaque voiture de faire engager la chaîne et les sabots dans les raies de la roue, quelquefois même de procéder personnellement à cette opération.

« Malgré tous ces efforts et malgré l'emploi de chemins ou sentiers permettant à l'infanterie seule de passer, le mouvement des troupes s'exécuta avec une lenteur désespérante. Le général descendit à quelques centaines de mètres du tunnel afin de s'assurer de la marche de la colonne. Il reçut au bord de la route plusieurs dépêches opérant sur son esprit le plus mauvais effet; celle de M. de Freycinet le poussant à aller du côté de Dôle et d'Auxonne, et celle du général Martineau l'informant qu'il ne pouvait plus répondre de son corps d'armée, et qu'en cas d'abandon des positions occupées actuellement par le 15ᵉ corps il serait indispensable de n'opérer le mouvement que pendant la nuit lui causèrent le plus violent chagrin. Il s'entretint de la situation avec les généraux Borel et Billot. Ce dernier déclara qu'il eût fallu marcher sur Auxonne le jour où la question avait été discutée à Château-Farêne; mais qu'il n'était plus temps peut-être d'adopter ce parti. J'émis mon opinion et, après avoir rappelé les dangers de l'opération sur Auxonne depuis le jour où l'ennemi était devenu maître du cours de l'Oignon, de ceux du Doubs et de la Saône, je dis que je croyais qu'il valait mieux persévérer, alors même qu'on serait engagé dans une voie qui n'était pas jugée la meilleure; qu'en admettant que la meilleure solution de la question fût contraire à ma pensée, la percée par Auxonne, nous devions nous garder de songer à opérer sur la rive droite du Doubs, alors que notre concentration se trouvait opérer sur la rive gauche; qu'il fallait à tout prix continuer le programme tracé, de façon à occuper Salins, à glisser derrière le ravin qui descend du sud au nord, à gagner Champagnole et la rive gauche de l'Ain et à descendre le long de cette rive afin d'avoir l'un des flancs protégé par cette rivière, dont les ponts devraient être coupés au préalable. Le général Billot présenta quelques observations :

« — Eh bien! lui dit le général Bourbaki, si vous êtes ainsi convaincu, prenez le commandement, je vous le cède avec grand plaisir, surtout si vous pouvez tirer l'armée d'embarras; je serai un de vos divisionnaires. »

« Il refusa énergiquement cette proposition.

« Nous remontâmes alors jusqu'à la maison du cantonnier, voisine de la bifurcation des routes de Maiche et de Pontarlier. J'y entrai quelques instants afin d'examiner à nouveau les routes permettant de continuer notre mouvement sur Salins et celles à utiliser dans le cas où nous devrions nous replier sur Pontarlier; puis nous fîmes un léger repas à la suite duquel le général Billot vint trouver le général Bourbaki et le prévenir qu'il allait porter son quartier général à Miserey et pousser ses troupes jusqu'à Roulans. Nous ne tardâmes pas à rentrer à Besançon; nous fîmes la route à pied, les chevaux nous suivant tenus en main. L'encombrement était encore énorme, quoique moins grand que le matin. Voitures et troupes circulaient en tous sens; une grande quantité de voitures du train auxiliaire du 20⁰ corps gravissaient la route concurremment avec d'autres; des troupes de cavalerie stationnaient sur la route même; enfin la 3⁰ légion du Rhône, sous l'influence salutaire du général Rolland, sortait de la place pour marcher, sinon à l'ennemi, du moins dans la direction de celui-ci.

« Je ne connais pas de spectacle susceptible de donner un souci plus grand à tout homme aimant l'armée, aimant son pays, — surtout lorsque cet homme exerce un commandement en chef, — que celui du désordre existant dans les impedimenta et empêchant les forces dont il dispose de se mouvoir, d'arriver à temps sur les points où leur présence est nécessaire.

« Plus je vais, plus je suis convaincu qu'on ne saurait donner d'ordres assez précis et formels pour la conduite des convois (le général n'avait pas manqué à ce devoir), et qu'il faut en exiger la stricte exécution en envoyant partout des officiers d'état-major avec mission d'exiger de chaque commandant de colonne ou de convoi tous les renseignements ou explications désirables.

« Le général devait avoir les mêmes pensées que moi, mais ne disait mot; il observait un silence absolu que je ne comprenais que trop, car il faisait naître en moi de bien tristes pressentiments.

« Nous rentrâmes à Besançon peu de temps avant la chute du jour, et le mouvement du 18e corps n'était pas encore achevé.

« Le général reçut plusieurs personnes, entre autres l'intendant Friant[1] et le lieutenant-colonel de Bigot[2]. Le premier lui dit qu'il n'avait pas encore reçu de nouvelles des deux intendants envoyés par lui à Pontarlier pour régler les arrangements relatifs à l'alimentation des troupes en transit ou autrement par la Suisse. Le second, qui connaissait parfaitement le pays, lui parla de la nature des chemins, ainsi que des positions défensives existant sur les deux rives du Doubs.

« Le général me demanda du papier, une plume et de l'encre que je lui remis aussitôt. Je le priai de m'autoriser à rédiger avec lui le canevas de l'ordre de mouvement de demain, après avoir reçu communication de ses instructions; il se contenta de m'en faire connaître les grandes lignes et me prescrivit d'aller chez le général Borel[3] avec de Bigot, afin d'y procéder le plus rapidement possible à la rédaction de l'ordre. D'après sa volonté, le mouvement de retraite devait continuer sur Salins ou, au besoin, sur Pontarlier. Besançon devait être protégé par deux divisions : l'une du corps de Clinchant, sur la rive droite; l'autre, la meilleure du corps Martineau, sur la rive gauche. La division du corps Clinchant, appelée à ne pas être séparée du reste de l'armée, devait traverser Besançon

---

[1] Charles-Nicolas Friant, intendant militaire de la 9e division, avant la guerre (ancienneté du 10 février 1866).

[2] Louis de Bigot, chef d'escadron d'état-major, attaché à la 7e division (Besançon) depuis le 13 août 1853.

[3] Colonel d'état-major, chef d'état-major de la garde nationale de la Seine avant la guerre.

pendant la nuit, le mouvement général commencer dès le lendemain matin, afin de ne pas perdre de temps et ne pas consommer
inutilement des vivres nécessaires à la place de Besançon.

« Toutes les mesures devaient être prises pour que les routes
fussent rendues libres pendant la nuit. Aucune voiture ne devait y
stationner. Les hommes devaient prendre le plus de munitions et
de vivres possible; les caissons, les voitures vides, les pièces non
susceptibles d'être attelées être laissées dans le voisinage de Besançon et s'en rapprocher le plus possible; les bagages abandonnés au
besoin.

« Ordre était donné de procéder à toutes les réquisitions nécessaires, afin de ménager le plus possible les ressources emportées
dans le sac.

« Enfin le général m'avait recommandé de faire envoyer par
de Bigot un homme du pays, sûr, qui irait à la recherche du
24ᵉ corps d'armée, avec promesse de recevoir une bonne récompense à son retour.

« Pendant nos allées et venues de la chambre du général à la
mienne et réciproquement, j'avais été prévenu que le général avait
envoyé chercher son revolver, qui se trouvait dans ses fontes à
l'écurie même. J'avais compris qu'il voulait en finir avec la vie et
j'avais recommandé qu'on cachât le revolver et qu'on lui dît qu'il
avait été perdu ou volé.

« En rentrant encore une fois dans ma chambre avec de Massa [1],
je trouvai le caoutchouc et le revolver du général sur mon lit.
Je remis sur-le-champ le revolver à de Massa, en lui recommandant de le cacher chez lui soigneusement. Puis, comme le général
m'avait recommandé de hâter le plus possible le travail, je me
rendis sur-le-champ chez le général Borel. Le général Bourbaki
sortit en même temps que moi; je m'en préoccupai, mais je ne pus
me l'expliquer.

« Notre travail chez le général Borel était commencé; les bases
en étaient arrêtées, les dispositions et l'avis relatif au départ s'expé-
diaient; il ne restait plus qu'à rédiger l'acte du mouvement propre-
ment dit, c'est-à-dire à indiquer les directions à suivre par chaque
colonne. Je me proposais, vu mon inquiétude, de retourner près du
général, et j'en manifestais l'intention, les bases de l'ordre de mouvement étant complètement arrêtées, lorsque le général Borel me dit :

---

[1] Ancien lieutenant du régiment des guides de la garde (17 janvier 1863).

« — Je tiens, puisque jusqu'à ce jour le général m'a envoyé ses ordres par écrit, que vous me fassiez connaître aujourd'hui ses intentions dans les mêmes conditions. »

« J'étais donc resté dans la chambre du général Borel et y rédigeais la note qu'il m'avait demandée.

« Tout à coup entra le commandant de Massa qui m'annonça en pleurant que le général s'était tiré un coup de pistolet dans la tête ; il ne put me dire encore si la blessure était mortelle.

« J'accours avec le général Borel. Je trouve le général Bourbaki étendu sur son lit, la figure ensanglantée. Je lui dis en pleurant mon chagrin ; il me répond qu'il m'aime bien aussi, qu'il a pensé à moi en écrivant, quelques instants auparavant, ses dernières volontés ; il ajoute en souriant que le docteur Noguès[1] se trouvait dans sa chambre au moment de l'événement, qu'il y était resté pour le surveiller, et qu'après s'être étendu sur son lit en annonçant l'intention de se reposer, pendant que le docteur se tenait debout devant la cheminée, il avait fermé les rideaux et, avec mon propre revolver, à défaut du sien, s'était porté le coup qui devait le tuer.

« — Je n'ai point oublié le docteur dans les quelques mots que j'ai laissés, me dit encore le général, j'ai écrit en m'adressant à lui : « Docteur, sans rancune. »

« Le général insista pour que ni le général Borel ni moi ne restions près de lui ; il nous congédia impérativement en nous recommandant de nous occuper le plus promptement possible de l'ordre de mouvement et de l'envoi des diverses expéditions à chaque corps d'armée.

« Au moment où nous nous retirions, entrait le docteur Noguès accompagné du docteur Mathis, que l'on était allé chercher, sachant combien le général serait heureux d'être soigné par lui. Je ne fis qu'une apparition chez le général Borel et le priai de me dispenser d'achever le travail que j'avais commencé. Puis je réclamai, en faveur d'Eichtal et de Massa, un ordre de se rendre à Bordeaux afin d'informer le gouvernement de l'événement de ce soir. De Massa avait surtout à faire connaître les raisons déterminantes de la résolution du général (nature des dépêches de M. de Freycinet et de celles de ses commandants de corps d'armées, surtout de ceux des 15e et 24e corps).

« Quant à d'Eichtal, je le chargeai spécialement de se rendre

---

[1] Médecin-major de première classe, au 93e de ligne.

près de Mme Bourbaki, chez Mme Festugière, au château de Mouat, près de Teich, et d'annoncer la triste nouvelle à Mme Bourbaki, en lui remettant une lettre de moi sur laquelle le docteur Noguès avait ajouté quelques mots.

« Tous deux sont partis pour Pontarlier un peu avant minuit. Pendant ce temps, le général Borel convoquait les commandants de corps d'armée et télégraphiait au ministre de la guerre l'événement survenu, en le priant de désigner le plus promptement possible le successeur du général Bourbaki.

« Je ne me suis présenté de nouveau dans la chambre du général que lorsque j'ai pu être en mesure de lui assurer que tous les ordres de mouvements pour demain étaient transmis. Le général me questionna longuement à ce sujet ; puis il me raconta les circonstances dans lesquelles il avait tenté de se suicider.

« Sous l'influence des dépêches de M. de Freycinet, dont le fond et la forme étaient absolument blessants, et qui le poussaient à accomplir une opération insensée (celle de la marche sur Dôle, Auxonne, Dijon, Auxerre, Tonnerre et Joigny), que le général Billot, seul, considérait comme possible, sous l'influence des dépêches de ses commandants de corps d'armée l'informant qu'ils ne pouvaient plus compter sur leurs troupes ; sous l'influence d'actes et de mouvements de toute nature dénotant l'exactitude de ces derniers ; sous l'influence de l'abandon par le 24e corps de tous les points dont la garde lui était confiée, le général, après avoir tenté encore une fois de lutter contre le sort et donné des instructions pour assurer la sécurité de l'armée dans les limites du possible, avait voulu se faire tuer en allant à l'ennemi.

« C'est ce qu'il comptait faire ce matin, si le général Billot était arrivé à temps pour engager une action quelque peu sérieuse. Il me rappela qu'il avait voulu exiger de moi que je ne me joignisse pas à lui dans cette circonstance, sous prétexte que j'étais fatigué, que j'avais été privé de sommeil dans ces derniers temps, que j'avais besoin de repos.

« — N'ayant pu être assez heureux, me dit le général, pour recevoir une balle dans une circonstance glorieuse, comme mon petit Lucien, j'ai voulu en finir autrement avec la vie. C'est alors que je réclamai mon revolver. Quand on me fit connaître qu'il était perdu ou qu'on l'avait volé, je compris qu'on se doutait de mon projet et qu'on voulait s'opposer à son exécution. Je me fis désigner un bon armurier et lui demandai un bon revolver à acheter. Ce dernier ne put m'en promettre un que dans une heure au moins. Je trouvai qu'il valait mieux en finir tout de suite, surtout au point de vue de la promptitude avec laquelle il convenait que les ordres fussent expédiés et qu'une décision fût prise après ma mort. J'allai dans votre chambre, certain que j'étais de ne pas vous y trouver, puisque je vous avais envoyé travailler à l'état-major général, j'y pris votre revolver et je m'en servis en présence du docteur Noguès, en trompant sa vigilance. »

« Il est miraculeux que le général ne se soit pas tué dans ces conditions; son revolver était du calibre de douze millimètres; la forme cylindro-ogivale de la balle devait faciliter la perforation du crâne. *Malgré tout, c'est Dieu qui l'a sauvé;* la main gauche a été brûlée par la poudre à la sortie du canon, et le crâne a opposé une résistance telle, que la balle s'est aplatie exactement comme sur une plaque de fonte, en glissant sur une largeur de trois à quatre centimètres vers la partie supérieure jusqu'auprès de la racine des cheveux. C'est en ce dernier point que le docteur Mathis a dû pratiquer l'incision nécessaire pour procéder à l'extraction de la balle.

« Quelques instants après, le général avait perdu la mémoire des noms. Après cet instant très court, il n'a pas cessé un seul instant de jouir de la plénitude de ses facultés; il a conservé toute sa présence d'esprit, et à minuit le général causait très librement avec moi, me questionnant sur toutes les mesures prises pour assurer la retraite de l'armée dans des conditions relativement favorables, me demandant quel serait son successeur, et, lorsqu'il m'enjoignit d'aller me reposer, me défendant de rester plus longtemps dans sa chambre; il se préoccupait de tous et de tout, comme s'il avait joui de la plénitude de sa santé, et disait combien il regrettait le chagrin que la nouvelle de sa tentative allait causer à sa chère femme et à tous les siens. Je le quittai bien ému de tout ce que je venais d'entendre, bien triste en songeant à la France, à l'armée... »

La Providence eut pitié du soldat et de son infortune.

La nuit même où se passait ce déplorable événement, arrivait la dépêche qui relevait Bourbaki de son commandement :

« Bordeaux, 26 janvier 1871, 5 heures 56 du soir.

« En face du manque de confiance que vous manifestez sur la direction d'une entreprise dont nous attendions de si grands résultats, je vous prie de remettre le commandement de l'armée de l'Est au général Clinchant. Jusqu'à ce que cette remise soit efficace, vous assurerez, sur votre responsabilité, l'exécution des mesures que commande l'intérêt de l'armée.

« DE FREYCINET. »

Cinq jours après, M. de Freycinet envoyait le télégramme de condoléance suivant :

« C'est avec bonheur que j'apprends par votre aide de camp, M. de Massa, que votre vie est hors de danger.

« J'estime en vous un brave et loyal soldat qui a fait noblement son devoir sur les champs de bataille, et il m'eût été extrêmement douloureux de vous voir enlevé à la patrie.

« DE FREYCINET. »

Le général Clinchant succéda donc à Bourbaki à la tête de l'armée de l'Est. Il ne fit d'ailleurs que maintenir les dispositions de son prédécesseur et battit en retraite sur Pontarlier, où il arriva le 28 janvier.

Quatre jours plus tard, le 1er février au soir, son armée était en Suisse, où elle devait trouver une hospitalitté vraiment patriarcale.

IX

Le général Bourbaki à Besançon. — Aux Angevinières. — Bourbaki gouverneur militaire de Lyon. — Les sectaires. — Le maréchal de Mac-Mahon. — Mise à la retraite. — Un bel ordre du jour au 14ᵉ corps d'armée. — Un incident au sujet d'une messe dite à Lyon. — Le chef d'état-major Leperche. — Une réponse. — — La mise au cadre de réserve. — Une lettre du général Farre. — Une touchante missive du maréchal Canrobert. — *Gloria victis*. — Une adresse. — La mort de Leperche. — Un discours de Bourbaki.

> Va! tu peux mépriser une atteinte vulgaire,
> Tu gardes tes exploits, ton nom pur comme l'or.
> Ce nom de Bourbaki devient un cri de guerre;
> Tous nos vieux Africains le redisent encor.
>
> Va! la France est toujours amoureuse des braves;
> Et sitôt que les cœurs, sous un ciel plus serein,
> Des viles passions ne seront plus esclaves,
> Notre histoire écrira ton nom sur son airain!

Le général Bourbaki, après sa blessure, rentra à Besançon, où il resta jusqu'au 20 février. Il se rendit ensuite à Lyon, puis aux Angevinières[1].

Au mois de juin 1871, le président de la République, M. Thiers, offrit à Bourbaki le commandement du 6ᵉ corps d'armée à Lyon.

Cette nomination était une belle réparation du traitement injuste qu'on lui avait fait subir à la fin de la guerre. Et, en même temps qu'il recevait ce commandement, Bourbaki était nommé gouverneur militaire de Lyon[2].

Mais les sectaires n'avaient pas désarmé. Au lendemain du 16 mai le ministère Dufaure, pour servir de tristes et basses rancunes, présenta au maréchal de Mac-Mahon des décrets qui déplaçaient

---

[1] Commune de Saint-Loup, dans la Mayenne.
[2] Ce fut le général de Cissey qui signa cette nomination.

cinq commandants de corps et mettaient cinq autres en disponibilité : Lartigue, Montaudon, Bataille, Bourbaki et du Barail.

Le maréchal refusa de signer, et deux jours après, le 30 janvier 1879,
il donna sa démission. Bourbaki fut relevé de son commandement
dans la force de l'âge et dans l'épanouissement de ses belles facultés.
Cette mesure ne pouvait suffire.

Ancien commandant en chef du corps de la garde impériale
devant l'ennemi de l'armée de l'Est, il aurait dû par application des
lois de 1839 et 1875 être maintenu sans limite d'âge; mais le ministère Jules Ferry en décida autrement et foula la loi aux pieds.

L'attitude du ministre de la guerre d'alors, le général Farre, fut
sévèrement jugée, et il y eut une profonde indignation dans l'armée.

Voici, à cette occasion, l'ordre du jour du général Bourbaki, daté
du 12 février 1879.

GOUVERNEMENT MILITAIRE DE LYON ET DU 14ᵉ CORPS

ORDRE GÉNÉRAL

« Officiers, sous-officiers et soldats !

« Le gouvernement a jugé utile de me remplacer.

« Notre séparation me coûte les regrets les plus vifs. Retenu
à Paris, comme membre de la commission de classement[1], je ne
puis aller vous dire adieu.

« Après huit années de commandement, j'ai la satisfaction de
laisser le gouvernement militaire de Lyon et le 14ᵉ corps d'armée
dans les meilleures conditions, sous tous les rapports.

« Ce résultat, je le dois à vos efforts constants et dévoués, au zèle
dont vous n'avez cessé de faire preuve à tous les degrés de la hiérarchie.

« Je vous en remercie de tout cœur.

« Imbus du sentiment du devoir, animés de l'esprit de discipline
sans lequel une armée est indigne de son nom ; pleins de respect
pour des chefs, qui savent vous donner l'exemple en toutes circonstances; oublieux de vous-mêmes, dès qu'il s'agit de l'accomplisse-
ment de vos obligations, c'est avec fierté que je vous laisse tels
à mon successeur, et que je me porte garant de ces solides qualités.

« Aimez notre chère France, comme vous avez appris à l'aimer
à l'ombre du drapeau.

---

[1] Depuis le 23 mai 1876, Bourbaki faisait partie du *Comité de défense*.

« N'oubliez pas que ceux-là seuls peuvent se dire animés de l'amour de la patrie, qui sont toujours prêts à verser leur sang pour elle! Si un jour elle est menacée, et si Dieu me conserve tel que je suis aujourd'hui, soyez assurés, dans quelque position que ce soit, de me voir accourir au milieu de vous.

« Au quartier général, à Lyon, le 12 février 1879.

« Le général de division, gouverneur militaire de Lyon, commandant le 14e corps d'armée,

« CH. BOURBAKI. »

Bourbaki ne fut pas seul à avoir des ennuis. Son ancien chef d'état-major, le brave Leperche, dont nous avons déjà parlé, eut aussi des désagréments à propos d'une messe dite à Lyon, à l'église Saint-Nizier, pour le repos de l'âme du prince impérial, qui avait été tué au Zoulouland en 1879.

Cette messe avait eu lieu le 3 juillet 1879, et Leperche, qui était alors le chef d'état-major du gouverneur général de Lyon, y avait assisté en grand uniforme. C'était un crime aux yeux des francs-maçons et des radicaux, et une violente polémique se fit sur le dos du brave soldat.

Le ministre de la guerre, le général Farre, ayant invité Leperche à s'expliquer, celui-ci lui adressa la belle lettre suivante que nous reproduisons en entier :

« Lyon, 15 juillet 1879.

« Mon général,

« Vous m'avez fait l'honneur de m'inviter à vous faire connaître les conditions dans lesquelles j'ai assisté au service funèbre célébré à l'église Saint-Nizier, le samedi 12 du courant. J'ai l'honneur de vous exposer comme il suit :

« C'est par hasard que j'ai été informé de cette cérémonie en jetant les yeux sur le journal *le Salut public*, qui, dans son numéro du mardi 8 courant, confirmait l'entrefilet suivant :

« Une messe pour le repos de Son Altesse le prince impérial sera
« célébrée en l'église Saint-Nizier, le samedi 12 juillet, jour où
« auront lieu les obsèques de Son Altesse.

« Cette cérémonie toute de deuil n'est point une manifestation
« politique, mais un hommage religieux rendu au prince fran-
« çais chrétien et vaillant, mort glorieusement sur le champ de
« bataille. »

« La teneur de cette communication, la place modeste qui y était attribuée dans le journal, l'absence d'invitation et de toute autre publicité, m'ont autorisé à penser que *la politique serait entièrement écartée de la cérémonie.*

« Ce sont d'ailleurs les incidents qui l'ont suivie, *incidents dont je ne cherche ni l'origine, ni les auteurs, et dont je n'ai été témoin,* qui lui ont enlevé de fait son véritable caractère.

« Imbu du sentiment du devoir, je me suis abstenu en 1873[1] d'assister à un service funèbre célébré à Lyon, à la mémoire de Napoléon III, uniquement parce que l'empereur laissait un héritier direct et que ma présence aurait pu être mal interprétée.

« Aujourd'hui, les conditions ne sont plus les mêmes, le prince impérial n'est plus et l'impératrice cesse, par ce fait, de pouvoir exercer une action politique quelconque. Je me trouve dès lors en présence d'une mort survenue dans les circonstances les plus tragiques et d'une mère appelée à subir après de grandes épreuves la plus cruelle de toutes, la perte d'un fils unique de vingt-trois ans. J'ai pensé qu'il me serait permis d'obéir aux élans de mon cœur. J'ai tenu à donner un souvenir au fils, un témoignage de respectueuse sympathie à la mère.

« Pendant ma carrière, j'ai fait partie de la garde impériale à trois reprises différentes: la première fois en qualité de stagiaire aux dragons de l'impératrice[2]; la deuxième fois comme aide de camp du général commandant la division de voltigeurs de la garde[3]; la troisième, pendant la campagne de 1870 comme aide de camp du général commandant en chef la garde impériale.

« En outre, à ma sortie de l'école spéciale militaire, en 1852[4], j'ai reçu des mains du prince Louis-Napoléon une paire de pistolets, et aussitôt après le départ du prince, qui était venu visiter le bataillon de Saint-Cyr, j'ai été informé qu'une somme de cinq cents francs était mise à ma disposition.

« Voici l'emploi qu'il m'a été donné d'en faire :

« A ma sortie du Collège royal militaire, aujourd'hui le prytanée de la Flèche, en 1850, le conseil municipal de la petite ville qu'habi-

---

[1] L'empereur était mort, en effet, à Chislehurst en 1873, et, à cette occasion, le ministre de la guerre avait autorisé un certain nombre d'officiers à se rendre en Angleterre pour les funérailles. Ni Bourbaki, ni Leperche n'avaient assisté à la cérémonie.

[2] En 1858, comme capitaine d'état-major stagiaire.

[3] Du général Bourbaki, de 1868 à 1870.

[4] Leperche était de la promotion de Kabylie; il avait obtenu le n° 1 d'entrée à Saint-Cyr.

taient mes parents, appelé à se prononcer sur l'opportunité de me
continuer à Saint-Cyr la bourse entière que j'avais à la Flèche,
émit un avis défavorable. Et cependant, il connaissait parfaitement
l'absence totale de fortune de ma famille; il savait que mon père
était un ancien soldat de la garde impériale retraité pour blessure
reçue à l'ennemi pendant la campagne de 1813. Je n'obtins qu'une
demi-bourse.

« Sur ces entrefaites, mon père tomba gravement malade et les
soins qui lui étaient indispensables ne permirent pas à mes parents,
au prix même des plus grandes privations, d'acquitter le montant
de la demi-pension correspondant à ma première année d'étude.

« J'obtins la bourse entière pour ma seconde année, sur la proposition du conseil d'administration de l'école; mais il restait toujours à payer la demi-pension de la première.

« Ce sont les cinq cents francs du prince Louis-Napoléon qui
m'ont permis d'exonérer mes parents du trop lourd engagement
qu'ils avaient contracté pour moi.

« En me notifiant l'acte de munificence du prince, le général
Alexandre, qui commandait l'école de Saint-Cyr à cette époque,
m'écrivait qu'il lui avait donné l'assurance que ce bienfait touche-
rait un cœur reconnaissant.

« Ma présence au service du 12 juillet dernier n'a pas eu d'autre
but que de prouver que je faisais toujours honneur à la parole du
général Alexandre.

« Veuillez agréer, etc.

« Le colonel chef d'état-major général du 14ᵉ corps d'armée,

« LEPERCHE. »

Inutile d'ajouter des commentaires à cette belle lettre, qui fait le
plus grand honneur à celui qui l'a écrite.

Malgré les nobles sentiments qu'il exprimait, Leperche fut mis
en disponibilité par mesure disciplinaire.

Une nouvelle disgrâce devait atteindre Bourbaki dès qu'il eut
atteint ses soixante-cinq ans, c'est-à-dire le 12 avril 1881. Il fut
mis dans le cadre de réserve, malgré l'esprit de la loi du 13 mars
1875, qui disait en son article 8 que : « pouvaient être maintenus
sans limite d'âge, jusqu'à l'âge de soixante-dix ans, les généraux
de division qui, munis de lettre de commandement, auront rendu

des services éminents en exerçant, avec distinction devant l'ennemi, l'une des fonctions ci-après désignées :

« 1° Commandant en chef d'une armée composée de plusieurs corps d'armée;

« 2° Commandant en chef d'un corps d'armée composé de plusieurs divisions. »

Or il était évident que Bourbaki était dans les conditions requises pour continuer son commandement, puisqu'il avait commandé sous Metz le corps d'armée de la garde, qui était composé de deux divisions d'infanterie et d'une division de cavalerie; puis l'armée de l'Est, composée de quatre corps, les 15e, 18e, 20e et 24e.

Le général Farre, ministre de la guerre, comprit si bien l'odieux de la mesure injuste qui frappait Bourbaki, qu'il lui écrivit cette lettre :

MINISTÈRE DE LA GUERRE

CABINET DU MINISTRE

« Paris, le 20 avril 1881.

« J'ai soumis au conseil des ministres, conformément à l'article 8 de la loi du 13 mars 1875, votre demande d'être maintenu sans limite d'âge dans la première section de l'état-major général.

« Je me suis appliqué à faire ressortir les services éminents que vous avez rendus, en exerçant successivement le commandement d'un corps d'armée sous Metz et celui d'une armée du gouvernement de la Défense nationale, dans les circonstances les plus difficiles.

« J'aurais été heureux de voir couronner, par cette distinction, votre carrière si bien remplie, après vingt-quatre années de grade de général de division ; aussi est-ce avec un très vif regret que je suis obligé de vous faire connaître que la décision du conseil des ministres n'a pas été conforme à mon désir.

« Je ne veux pas toutefois vous laisser quitter la première section du cadre de l'état-major général sans *vous remercier, au nom de l'armée et du pays, pour les services que vous avez rendus pendant quarante-sept années consécutives.*

« Cette longue carrière a été bien remplie. *Vous avez pris une part glorieuse* à toutes les luttes de l'armée française en Afrique, en Crimée, en Italie ; vous avez donné de nouvelles preuves d'abnégation et de dévouement pendant la dernière guerre.

« Ce sont là des titres ineffaçables. Ils vous donnent une place

Funérailles de Napoléon III à Chislehurst (1873).

à part dans les annales militaires, comme dans le souvenir de tous.
ceux qui vous ont connu.

« Le ministre de la guerre,

« FARRE. »

Le lendemain même, le brave maréchal Canrobert écrivait à son
tour cette lettre touchante à son ancien frère d'armes.

« Paris, le 21 avril 1881.

« Mon cher Bourbaki,

« En lisant ce matin à l'*Officiel* votre mise. dans le cadre de
réserve, j'ai besoin de faire appel à toute ma philosophie d'honnête
soldat, et au souvenir du traitement que la république d'Athènes
infligea à Miltiade, à Aristide et à Thémistocle !

« Inutile de vous parler de mon chagrin et de mon indignation; mais j'espère fermement que vous n'avez dit qu'au revoir à
cette armée française dont vous avez été et serez toujours un des
plus glorieux et des plus aimés chefs.

« Votre ancien camarade et ami sincère,

« Maréchal CANROBERT. »

A la suite de cette mise en disponibilité, les habitants de Lyon
se cotisèrent pour offrir au général une belle réduction de l'œuvre
admirable du sculpteur Mercié, le *Gloria victis*, avec l'adresse suivante qui l'accompagnait :

« *Gloria victis!* Oui, mon général, gloire aux vaincus! Nulle
impression ne saurait mieux vous dire le sentiment triste des
Lyonnais qui vous offrent, à l'occasion de votre départ, l'expression
de leur souvenir.

« Mêlé depuis huit ans à votre vie, nous vous avons connu simple,
énergique et bon, et la grande ville, rassurée par le caractère de son
gouverneur, se reposait confiante dans sa ferme autorité.

« Elle ne saurait oublier non plus votre aimable et digne compagne
dont le noble cœur attirait notre unanime affection, tandis que les
malheureux la vénéraient pour son inépuisable charité. En présence
de la mesure qui vous atteint, nous aurions pu donner un libre cours
à nos sentiments en faisant appel à l'opinion publique par la presse,
couvrir le livre des noms de tous vos amis inconnus et de vos amis

si nombreux à Lyon, où jamais homme ne fut plus populaire que le légendaire et glorieux Bourbaki.

« Mais votre grand exemple nous a imposé le silence. Vous vous êtes incliné sans rien dire, respectueux avant tout de cette discipline militaire qui fut la constante loi de votre longue carrière d'abnégation, de sacrifice et de dévouement à la patrie.

« Adieu, général.

« Vos officiers, anciens compagnons des jours de triomphe et d'infortune, vos soldats, que vous avez formés dans le culte du devoir et du drapeau pour assurer au pays un plus sûr avenir ne peuvent pas, comme nous, vous apporter ici leurs regrets et leurs sympathies ; mais votre départ, nous n'en doutons pas, les réunit avec nous dans la même et triste pensée ; car ce n'est pas seulement un ami qu'on nous enlève aujourd'hui ; l'armée perd en vous une de ses gloires les plus pures, un de ses chefs les plus aimés. »

Cette nouvelle disgrâce affecta profondément le pauvre général, qui eut cependant le courage de se taire et ne fut véritablement découragé que le jour où il apprit la mort du brave colonel Leperche, qui succombait le 1er juin 1883, à l'hôpital Saint-Martin, des suites d'une fluxion de poitrine qu'il avait contractée l'hiver de l'année précédente en allant chercher des recrues à la porte de Pantin.

Le pauvre colonel n'ayant ni parents ni proches, les lettres de faire-part furent faites au nom du général Bourbaki, du corps des officiers du 89e de ligne et des membres du comité de l'Association amicale des anciens élèves de la Flèche, dont il faisait partie depuis 1880, date de sa fondation.

Ce fut le 4 juin que ses funérailles eurent lieu à l'église de Saint-Augustin. L'assistance était une assistance d'élite. Le régiment de Leperche était là, en armes, son drapeau en tête.

La grande enceinte de Saint-Augustin était trop petite pour contenir la foule émue et recueillie, qui se pressait pour rendre au brave colonel un témoignage suprême de respect et d'affection.

Citons parmi les assistants le général Bourbaki, parrain du défunt ; le ministre de la guerre, général Thibaudin ; le général Lecointe, gouverneur de Paris ; les généraux Haca, Campenon, Cambriels, du Barail, de Brécourt, Thomas, Boulanger, Grandin, Lechesne, etc. ; le commandant Grandin ; les intendants militaires Lemaître, Garric, Aceay, la Rouvière.

Mais nous demandons ici la permission de laisser la parole

à notre ami le commandant Grandin, qui avait été le compagnon et le camarade de Leperche, et qui, ayant assisté à ses belles obsèques, les a ainsi décrites :

« Derrière les illustrations de l'armée, a-t-il écrit, et mélangés à une foule d'officiers de tous grades, venaient des civils en grand nombre, et ce n'était pas une des moindres surprises que de voir tout ce monde autour de la dépouille d'un soldat dont la vie avait été faite de modestie et d'obscurité voulues, au point de vue des relations mondaines. Et, dans la foule, que de pauvres gens qui avaient les larmes aux yeux, que d'indigents se pressaient aux portes de l'église, à la porte du quartier de la Pépinière, occupé par le 89ᵉ, et dont la salle de la bibliothèque des officiers avait été transformée en chapelle ardente.

« Le cortège, de la caserne à l'église, était imposant. Ce furent des soldats du 89ᵉ qui portèrent le cercueil de leur regretté colonel. En tête, les tambours et clairons, la musique, le 1ᵉʳ bataillon, puis le lieutenant-colonel Guinard; le corbillard, portant la tunique, le shako, l'épée et les décorations du défunt : croix de commandeur de la Légion d'honneur et des ordres de Léopold de Belgique, de Saint-Benoît d'Azis du Portugal, de l'Épée de Suède; officier de la Couronne de fer d'Autriche; médailles de Crimée, d'Italie et de l'ordre du Mérite militaire de Savoie; puis venaient le cheval de bataille, six religieuses de l'hôpital Saint-Martin, les enfants de troupe du 89ᵉ portant les nombreuses couronnes envoyées de toutes parts : Association amicale des anciens élèves de la Flèche, Union musicale de Saint-Denis, et une troisième bien modeste portant cette inscription : « A mon parrain ».

« Derrière le cercueil et conduisant le deuil, le général Bourbaki, ayant à sa droite le président de l'Association fléchoise, M. de l'Écluse, riche négociant de Paris; à sa gauche, M. d'Ocagne, exécuteur testamentaire et ami du défunt.

« Les deux derniers bataillons du 89ᵉ de ligne fermaient la marche. Le service funèbre a été dit par le premier vicaire de la paroisse Saint-Augustin, l'absoute donnée par le curé; la musique exécuta plusieurs morceaux sacrés pendant la durée de l'office.

« A la sortie de l'église, deux discours ont été prononcés : l'un, fort simple, mais sincère et vrai, par le général Haca[1], au nom de

---

[1] François-Auguste-Florimond Haca, ancien élève du collège royal militaire de la Flèche (1821-1839), général de division du 19 février 1880, mis à la retraite le 6 février 1886, décédé en juillet 1897.

la division dont le régiment de Leperche faisait partie ; l'autre, par
le général Bourbaki.

« Voici le texte du beau discours de Bourbaki :

« Messieurs,

« C'est avec une profonde douleur, et avec une émotion que vous
« comprendrez, que je viens dire un dernier adieu au colonel
« Leperche.

« Il a été mon aide de camp pendant vingt ans, et mon ami toute
« sa vie. Un lien plus intime m'unissait encore au colonel, je l'avais
« tenu sur les fonts du baptême ; je devais croire que ce serait bien
« plutôt lui qui me conduirait au champ de l'éternel repos.

« Il est mort cependant avant moi ; Dieu n'a pas voulu m'épargner
« cette cruelle douleur. Je ne veux pas parler ni de ses diverses
« promotions, ni de ses glorieuses blessures, ni de ses citations
« à l'ordre de l'armée, ni enfin de ses éclatants services, pas plus
« que je ne veux récriminer sur des faits qui ont pu lui faire douter
« de la justice de mon pays.

« Ce que je tiens à proclamer bien haut, certain d'être l'inter-
« prète fidèle de vos sentiments, c'est que la France perd dans le
« colonel Leperche un de ses enfants les meilleurs et des plus
« sincères patriotes ; l'armée, un de ses colonels les plus vaillants
« et les plus capables.

« Son existence tout entière, dans la paix comme dans la guerre,
« a été uniquement consacrée au bien du service et à l'accomplis-
« sement de tous ses devoirs de soldat ; il leur a toujours sacrifié
« les plaisirs, les distractions, aussi bien que ses intérêts et sa
« santé.

« Officiers, sous-officiers et soldats du 89ᵉ,

« Vous n'oublierez jamais votre brave colonel Leperche. Si parfois
« il était exigeant, c'est qu'il vous désirait parfaits en toutes choses ;
« il était d'ailleurs lui-même toujours à la peine, vous encou-
« rageant par son exemple et sans cesse occupé et préoccupé de son
« beau régiment.

« Que de fois, soldats, ne l'avez-vous pas vu au chevet de votre
« lit d'hôpital, visitant ses chers enfants malades, et vous appor-
« tant, comme le plus tendre des pères, les douceurs permises par
« les médecins.

« Non ! vous n'oublierez pas votre cher colonel ; vous resterez

« dignes de lui, en conservant précieusement les sentiments
« d'amour de la patrie, d'honneur et d'abnégation, qu'il a si bien
« pratiqués sous vos yeux. Quant à nous, ses amis, nous garderons
« fidèlement sa mémoire, sachant trop combien il est rare en ce
« monde de rencontrer pareils cœurs, tant de loyauté unie à tant
« d'inébranlable fermeté dans l'affection.

« Messieurs,

« Je crois que les âmes comme celle du colonel Leperche sont
« recueillies par Dieu, et que ceux qui suivront ses traces et imite-
« teront son exemple, le rejoindront dans une autre vie, celle qu'il
« réserve à ses élus.

« Ce n'est donc pas adieu que nous vous disons, mon cher ami,
« mais au revoir dans un monde meilleur. »

X

LA MORT ET LES OBSÈQUES

> Va! la France est toujours amoureuse des braves,
> Et sitôt que les cœurs, sous un ciel plus serein,
> De viles passions ne seront plus esclaves,
> Notre histoire écrira ton nom sur son airain !
>   (Victor DE LAPRADE.)

Après sa mise à la retraite, Bourbaki s'était retiré à Bayonne,
où il s'occupa surtout à des œuvres charitables.

Tout son temps fut consacré au bien. On le voyait à la tête de
toutes les bonnes œuvres de bienfaisance, de l'œuvre des Campagnes, de l'œuvre de la Croix-Rouge pour les blessés militaires,
de l'œuvre des Marins, de l'œuvre des Apprentis, etc. Il dépensait
pour le bien son activité sans même consulter ses forces.

Ces dernières le trahirent au commencement de 1895. Depuis
longtemps le général souffrait d'un asthme; les crises devinrent
alors d'une violence si grande, que sa famille éprouva de sérieuses
craintes.

Comme ces crises se compliquaient d'arrêt dans les mouvements
du cœur, Bourbaki ne se faisait guère d'illusion. Il avait demandé
M. l'abbé Chagé, curé de la paroisse Saint-Étienne, et s'était con-
fessé à lui.

Une amélioration n'avait pas tardé à survenir, puis la convales-
cence. Mais, au printemps de 1897, les crises reparurent, et Bour-

baki, sur les conseils de son docteur, quitta sa résidence habituelle, la villa Saint-François, pour aller s'installer à la villa Trillery, riante station thermale sise à cinq lieues de Bayonne. Le mieux se fit rapidement sentir, mais le 20 août une congestion pulmonaire se déclara.

Sentant la gravité de son état, le général demanda à voir le curé de Cambo, qui lui administra le saint viatique le 28 août, jour de la fête du grand évêque, saint Augustin.

Un mieux sensible s'étant manifesté quelques jours après, Mme Bourbaki voulait satisfaire un désir exprimé par le malade, et elle le ramena en voiture à sa chère villa de Saint-François. Mais en route, les chevaux s'étant cabrés à deux reprises, cela causa une vive émotion au général et amena des troubles cérébraux, et le mal ne fit qu'empirer.

Deux jours après, le 22 septembre 1897, Bourbaki expirait à six heures du matin. Ce fut vraiment une mort édifiante que celle de ce valeureux soldat, étendu sur son lit de camp, entouré de plantes vertes et de fleurs rares, revêtu de son uniforme de général de division, le grand cordon de la Légion d'honneur en sautoir, et tenant dans ses mains croisées sur la poitrine le crucifix qu'il avait longuement embrassé avant de rendre sa belle âme à Dieu.

Rien ne pouvait mieux traduire les sentiments de vénération dont la population bayonnaise enveloppait dans sa retraite le général Bourbaki, que l'émouvante manifestation à laquelle ont donné lieu, le 25 septembre 1897, ses obsèques. S'il en avait voulu écarter la pompe militaire, du moins il ne pouvait empêcher que l'armée, sans caractère officiel, marchât derrière son cercueil. Tout le corps des officiers de la garnison lui a fait la dernière conduite, confondu dans la foule innombrable de Bayonnais qui avaient tenu, par leur présence, à rendre un hommage suprême à cette noble mémoire.

Mais laissons la parole à un de nos amis qui assista à cette cérémonie des obsèques, et qui l'a ainsi décrite :

« Un jour gris, dit-il, s'était levé sur la campagne, laissant traîner de longs voiles de brouillard qui flottaient sur la vallée de l'Adour et s'accrochaient à ces vertes hauteurs de Saint-Étienne, sur l'une desquelles se dissimulent, au milieu des feuillages, les murs clairs de la villa Saint-François.

« Dès neuf heures, les voitures commencent à emplir les allées de la villa. A chaque instant, des invités arrivent. Uniformes et vêtements noirs forment des groupes nouveaux, s'agglomèrent; le flot des arrivants continue à se déverser par tous les chemins qui serpentent au flanc du coteau.

« Déjà, sur la route que le cortège doit suivre pour se rendre à la petite église de Saint-Étienne, les curieux se forment sur deux haies. Tout le quartier est là, et aussi un très grand nombre de personnes venues de la ville.

« A neuf heures, le ciel commence à s'éclaircir; par endroits, le manteau épais des nuages se dissipe. Un peu de soleil se montre, les lointains boisés se découvrent au ras de l'immense amphithéâtre dont la villa Saint-François occupe le centre.

« Le clergé de Saint-Étienne arrive dès avant dix heures. A M. l'abbé Chagé, curé de la paroisse, se sont joints M. l'abbé Pradère, vice-archiprêtre de Saint-André, et M. l'abbé Brincas, aumônier de l'hôpital militaire.

« La levée du corps s'effectue à dix heures précises. Le cercueil apparaît à la porte, recouvert des plis d'un drapeau; au-dessus sont posés l'uniforme du général Bourbaki, son bicorne à plumes blanches, son grand cordon de la Légion d'honneur. Presque sous la tête du général, deux magnifiques branches de chêne or et argent, envoyées par S. M. l'impératrice Eugénie.

« Le cortège se forme, et, lentement, se met en marche. En tête, la croix et les acolytes, puis les deux sociétés les Vétérans des armées de terre et de mer et les Combattants de 1870-71, les premiers conduits par M. Marcel d'Aubépine, ancien officier des tirailleurs algériens, les seconds par le président de la section bayonnaise, M. Péria. Le char disparaît sous des quantités de couronnes, parmi lesquelles la couronne envoyée par le 1er régiment de turcos à son premier chef de bataillon, celle du 1er régiment de zouaves à son premier colonel, celle de la ville de Pau, celle du 8e arrondissement de Paris, celle de Serres, une double palme avec cette inscription : *Au général Bourbaki, son ami W. de Serres;* d'autres et d'autres encore.

« Immédiatement derrière le char, que traînent quatre chevaux tenus en main et caparaçonnés de deuil, l'adjudant Hilbert, du 49e de ligne, porte sur un coussin tous les ordres dont le général Bourbaki est titulaire.

« On remarque à la suite, pour ses dimensions et sa beauté, une superbe couronne de un mètre quarante, commandée à Mlle Anabitarte, fleuriste à Biarritz, par l'état-major du gouvernement, la direction d'artillerie, le 14e bataillon d'artillerie, les services administratifs, la gendarmerie, le bureau de recrutement, le service de santé militaire, la direction de la chefferie du génie et l'état-major de la 36e division militaire. Ces noms sont inscrits sur des rubans tricolores; la couronne est traversée par une large mohair violette sur laquelle ressort en lettres d'or : *Au général Bourbaki*. Des artilleurs et des soldats d'administration la portent à la main.

« Les cordons du drap sont tenus par MM. le général Fallieux, du cadre de réserve, le colonel en retraite Peletingeas, l'intendant en retraite Forget et le colonel Privat, commandant le 49e de ligne; ceux du char par MM. les généraux de division Derrécagaix, de Bayonne, et Lebrun, de Bordeaux; les généraux de brigade Philippe, gouverneur de la place, et Danès, commandant la brigade de cavalerie de Libourne; M. Viguerie, sous-préfet, et M. Pouzac, maire de Bayonne.

« Le deuil est conduit par M. Adam, beau-frère du général Bourbaki, entouré de la famille. Et enfin voici, se déroulant en un long cortège, les notabilités de tout ordre, les amis, les voisins, les invités. En tête marchent M. le général Varaigne, commandant le 18e corps d'armée, qui représente en cette circonstance le président de la république et le gouvernement, et M. le capitaine Dervieux, officier d'ordonnance et représentant le général Billot, ministre de la guerre. Mgr Jauffret, évêque de Bayonne, actuellement absent, est représenté par M. le vicaire général Casseigneau.

« Noté au passage : M. le général Hervé; les colonels Lespinasse, Guibert, Dereyssé; M. Jules Legrand, député; M. A. de Laborde-Noguez, ancien député; M. de Larralde-Diustéguy, conseiller général; M. de Serres, ancien directeur des chemins de fer impériaux d'Autriche; M. Edmond Foy, président de la Chambre de commerce; M. Villeneuve, président du tribunal civil; M. d'Ithurdide, président du tribunal de commerce; M. Denys Cochin, député de la Seine, qui fut à Villersexel le porte-fanion du général Bourbaki, et pour sa belle conduite reçut sur le champ de bataille la médaille militaire.

« Après des hésitations, le soleil s'est levé dans tout son éclat. Une admirable lumière inonde les avenues d'arbres que le convoi traverse. Les haies sont vertes et drues comme aux plus beaux jours de l'été; les tristes chants de l'église montent dans l'air calme, au milieu de la paisible et saisissante allégresse des choses.

« Il est plus de onze heures et demie quand le cortège arrive à cette jolie petite église de Saint-Étienne, d'un aspect si gracieux à l'extérieur et qui l'est encore davantage à l'intérieur. On a mis

une heure et quart pour faire le pieux pèlerinage à la suite de la
dépouille mortelle du vénéré général. Dans les courbes que décrit
le chemin, on aperçoit un délicieux panorama : à la descente d'une
côte, on remarque les deux flèches de la cathédrale qui semblent
placées là comme pour augmenter l'effet du décor. A tous les carre-
fours, tous les gens des maisons avoisinantes sont accourus, le front
découvert, le béret sous les bras croisés. A chaque ferme, les habitants, voire même les enfants, viennent voir passer une dernière
fois le bon et brave général.

« Les femmes et les jeunes filles en deuil, leur paroissien à la
main, attendent le défilé du convoi pour se joindre à la longue file.
Les chênes ont semé sur la route leurs feuilles, et les fleurs qui se
détachent des couronnes viennent s'y mêler. C'est une jonchée toute
de circonstance qui semble un hommage de l'admirable carrière du
général et des qualités de son esprit et de son cœur.

« L'église est toute parée de deuil. A l'entrée, le chiffre du général se détache au milieu d'un drap noir parsemé de larmes. Les
piliers élégants sont tendus de draperies noires et surmontées des
initiales et des chiffres du général; la chaire même a revêtu ses
parements de deuil. Autour des piliers qui se rapprochent du
chœur, des torsades de cierges; tous les lampadaires sont allumés
et l'autel est entouré d'une arcade de feu.

« La messe commence aussitôt. C'est M. Chagé, curé de la paroisse,
qui célèbre le saint sacrifice. La maîtrise de la paroisse, et une fort
jolie maîtrise, où se mêlent les voix d'hommes, de femmes et d'enfants, chante, accompagnée par l'orgue, le *Kyrie*, le *Dies iræ*, le
Qui vivit in me non moritur. Une délicieuse voix de femme, claire,
pure, d'un fort joli timbre, jette sous cette voûte et au-dessus de
cette foule émue et recueillie un *Agnus Dei* qui fait sensation. C'est
Mlle Chantrier, élève de notre école de musique et fille du jardinier
de la *Casa-Caradoc,* qui a bien voulu apporter au général ce pieux
hommage.

« Après la fin de la cérémonie, M. le curé Chagé monte en chaire
et prononce l'oraison funèbre de son vénérable paroissien. La vraie
note se trouve dans ce discours, heureux dans sa simplicité, que
nous nous faisons un devoir de donner :

« Messieurs,

« Vous venez saluer, au jour de ses funérailles, le glorieux soldat
« qui ajouta de si belles pages aux fastes militaires de notre patrie.

« J'ai le devoir de saluer le chrétien, qui après avoir fait tant de
« bien dans cette paroisse, nous laisse un grand exemple.

« Bourbaki a terminé sa noble carrière par une mort très chré-
« tienne.

« On est chrétien par la foi et la charité, par l'intelligence et par
« le cœur.

« La foi de Bourbaki était celle de sa mère; il l'avait conservée
« pure au fond de son âme. S'il n'avait pas, comme Condé, étudié
« les thèses de théologie, il en avait retenu le principe fondamental
« et générateur, sans lequel tout l'édifice s'écroule : l'autorité; l'au-
« torité divine résidant dans un chef authentique. Tout est là, tout
« vient de là : *Tu es Petrus.*

« L'Église est une armée, avec sa hiérarchie simple et puissante.
« La force d'une armée consiste dans la discipline; la discipline vit
« d'obéissance.

« Voilà la foi de Bourbaki.

« Elle le ramena sans peine au Dieu qui avait réjoui sa jeunesse.
« Sa dernière communion ne l'a pas moins ému que sa première.

« Peut-on rappeler telle heure sombre de sa vie? Dieu lui répon-
« dit aussitôt par un miracle qui, pour nous, chrétiens et Français,
« était la récompense des douleurs subies.

« Bourbaki fut aussi un homme de cœur. Je ne parle pas de sa
« bravoure, restée légendaire.

« Après avoir tant de fois bravé la mort sur les champs de bataille,
« il a soutenu contre elle une lutte terrible sur son lit de douleur.
« Elle a mis de longues années à réduire ce vaillant, il avait un
« corps de fer et un cœur d'or. Le corps s'est usé peu à peu, mais
« le cœur d'or est resté intact.

« Qui analysera ce cœur d'or? L'or est le symbole de la charité.
« La charité de Bourbaki était dans ses paroles et dans ses actes.

« Ses paroles étaient toujours aimables, ses ennemis eux-mêmes
« n'ont pas eu à s'en plaindre.

« Dans ses actes, je veux surtout faire ressortir sa charité pour
« les pauvres. Il a partagé avec eux, jusqu'à la fin, le pain qu'il
« avait gagné au prix de son sang et par la valeur de son épée.

« Il s'intéressait de près à leurs besoins; il les visitait durant la
« maladie, il suivait leur convoi funèbre.

« Dans l'exercice de cette charité tout évangélique, il trouvait
« une émule dans la compagne incomparable que la Providence
« avait associée à sa vie.

« Elle est aujourd'hui brisée de douleur, mais consolée néan-
« moins à la pensée de tant de bien fait en commun.

« Enfin le général aimait Saint-Étienne. Il ne craignait rien tant
« que de mourir loin de sa chère villa Saint-François.

« Il vous aimait, mes frères, parce qu'il vous trouvait bons chré-
« tiens.

« Comme témoignage de son affection, il a voulu nous confier sa
« tombe. C'est un bonheur que nous saurons apprécier. Nos prières
« pour lui seront plus nombreuses, et surtout plus durables que les
« fleurs de ces couronnes.

« O Dieu des armées, donnez le repos éternel à l'âme de Bourbaki ! »

« Puis M. Casseigneau, vicaire général, qui représente Mgr Jauffret, évêque de Bayonne, absent, donne l'absoute.

« Au dehors, bien qu'il soit une heure, la foule est toujours consi-
dérable. Les dernières prières sont dites devant la grande croix de
fer dont l'ombre protège tous ceux qui dorment de leur dernier sommeil. Le cercueil du général est au milieu d'un cercle compact.
Au premier rang est Mme Bourbaki et les membres de sa famille. »

Voici maintenant le discours du général de Varaigne, commandant le 18e corps d'armée, qui représentait le président de la république et le gouvernement. C'est la tête découverte, en plein soleil,
qu'il prit la parole dans les termes suivants :

« Messieurs,

« Un respectueux silence autour de ce cercueil serait peut-être
l'hommage qu'eût souhaité le général Bourbaki s'il pouvait encore
nous dire ses volontés ; mais, désigné ici pour représenter le président de la république et le gouvernement, je ne puis quitter cette
réunion si touchante et si émue sans rappeler la carrière du noble
soldat que la France vient de perdre.

« Né en 1816, dans la ville de Pau, Bourbaki était encore enfant
lorsqu'il perdit son père, colonel du 31e régiment d'infanterie légère,
mort sous Athènes dans les luttes qui fondèrent l'indépendance hel-
lénique.

« Le service militaire était fait pour cette âme généreuse. Élève à
la Flèche, il entrait à Saint-Cyr en 1834, et, à peine sorti des écoles,
il se distinguait au premier rang des héroïques soldats qui mettaient
fin à la piraterie des États barbaresques, et donnaient à la France
une belle colonie sur l'autre rive de la Méditerranée.

« Il consacrait à cette œuvre toutes les forces de sa riche nature, et surtout celles de son cœur, grâce auquel les vaincus de la veille devenaient les soldats joyeux et dévoués du lendemain.

« Formés par Bourbaki, les turcos rivalisaient avec les zouaves, dont il fut longtemps un des chefs les plus braves, et qu'une brillante victoire faisait appeler les premiers soldats du monde.

« C'est avec ces troupes d'élite, et avec les petits fantassins dont il appréciait si bien l'endurance, l'abnégation, l'entrain et le dévouement; c'est avec tous, cavaliers, artilleurs et soldats du génie, électrisés par son regard, que Bourbaki gravait de son épée et illustrait de son sang les belles pages de l'Alma, de Sébastopol, d'Inkermann, de Magenta et de Solférino, qui remplissent encore aujourd'hui nos cœurs d'une si consolante fierté.

« Bien noble était l'ardeur avec laquelle ils marchaient alors pour défendre les causes généreuses dont la France s'était faite le champion, recueillant comme la plus grande récompense les précieuses sympathies de ceux qu'elle avait loyalement combattus.

« Bourbaki commandait le corps de la garde en 1870. Quelles tortures ne dut-il pas éprouver le 18 août, lorsqu'il lui fallut maintenir plus de vingt mille hommes d'élite, l'arme au pied, sous les ouvrages de Saint-Quentin, pendant que l'armée s'épuisait dans une lutte inégale et que le 6e corps s'employait tout entier pour écraser la garde prussienne qui attaquait son front, ne pouvant plus rien opposer aux masses ennemies qui débordaient son flanc!

« Soldat discipliné, Bourbaki ne discutait point les ordres qui l'immobilisaient, et dont les désastreuses conséquences ne pouvaient encore être prévues.

« Combien ne dut-il pas souffrir aussi devant ces longues semaines pendant lesquelles il voyait dépérir, sans combattre, ces vétérans de la victoire auxquels des combinaisons insondables pour sa loyauté devaient avant peu faire mettre bas les armes!

« Éloigné par une mission dont je ne puis faire l'analyse, il n'eut point l'humiliation de livrer ses drapeaux et de désarmer ses soldats.

« Nos armées détruites, la France luttait encore. L'épée de Bourbaki lui appartenait. Le gouvernement l'employa dans le Nord, sur la Loire et dans l'Est, malgré la conviction où il était que les armées ne s'improvisent pas.

« Et pourtant les jeunes troupes qu'il conduisait au secours de Belfort firent encore tressaillir les entrailles du pays le jour où quelques bataillons, enflammés par sa présence, abordaient résolument les positions de Villersexel au cri de : « Vive la France! » et les enlevaient.

« Cette journée ne fut pas sans quelques lendemains; mais la destinée ne devait point lui permettre de mener à bien l'audacieuse entreprise qu'il conduisait : il dut l'abandonner pour défendre ses communications menacées.

« Malgré les tourbillons de neige qui aveuglaient ces soldats de la veille, épuisés par quatre mois de luttes dans la glace ou la boue, malgré la supériorité des forces qui l'enveloppaient, il essayait encore de faire face au danger, lorsque, accablé par les désespérantes nouvelles qui lui venaient de toutes parts, sentant qu'un nouveau désastre était proche et ne pouvant rien pour le conjurer, il se voila la face et appela la mort. Elle ne voulut pas de lui. La carrière de Bourbaki n'était point terminée. Son expérience, son dévouement, sa haute autorité lui permirent de servir encore notre chère partrie dans ces heures où, ne perdant point courage après les catastrophes qu'elle avait traversées, elle comprenait que son premier devoir était de refaire ses armées.

« Les nouvelles phalanges sur lesquelle la France compte pour que son avenir soit digne de son passé ne sauraient être mieux trempées qu'en s'inspirant des sentiments de bravoure et de loyauté auxquels le général Bourbaki demeura toujours fidèle.

« Trop tôt pour la France, il quitta les rangs de l'armée; mais des hommes tels que lui restent grands dans la retraite aussi bien que dans les honneurs.

« Inaccessible aux petites faiblesses, élevant son âme au-dessus des sentiments vulgaires, il était plein de bonté pour tous; et si parfois un voile de tristesse obscurcissait son regard qu'illuminait encore de temps en temps un éclair d'autrefois, il n'eut jamais une parole d'amertume pour le passé et de désespérance pour l'avenir.

« Les pauvres et les humbles savent comme il était bienfaisant et comme il savait venir au secours de ceux qu'il pouvait aider, convaincu d'ailleurs que la meilleure manière de rendre service aux hommes est de les soutenir dans la voie du bien.

« La plus grande récompense que Dieu lui donna dans ce monde fut de mettre à ses côtés une compagne digne de lui.

« Et maintenant que sa belle âme est retournée à son Créateur, nous nous souviendrons de ses exemples, et la France honorera sa mémoire comme celle d'un de ses plus nobles enfants. »

Après ce discours, un ami sincère et un frère d'armes dans les premières campagnes du général Bourbaki, M. le général Peletingeas, retraça les affaires auxquelles il prit part, et les exploits accomplis par le vaillant colonel des zouaves et le général de la garde impériale; il en rapporte les détails avec une fidélité vraiment étonnante.

Après la cérémonie des obsèques du général Bourbaki, célébrées à l'église Saint-Étienne, le cercueil contenant le corps du général avait été déposé dans une chapelle de l'église en attendant qu'un caveau fût construit dans le cimetière de la paroisse. On s'est aussitôt mis à l'œuvre, et les travaux ayant été terminés rapidement, il fut décidé que l'inhumation aurait lieu le 6 novembre.

Le matin de ce jour, à neuf heures, en présence de Mme Bourbaki, de Mme et de Mlle Débettes, de Mlle Adam et de quelques amis de la famille, une messe fut célébrée et une dernière absoute donnée par le curé de Saint-Étienne. Un groupe d'anciens soldats a ensuite porté le cercueil devant le caveau où il a été inhumé.

Quoiqu'on ne sache pas encore d'une façon définitive quelle est la ville qui aura l'honneur de posséder la statue que la France et l'armée se disposent à élever au général Bourbaki, il est probable que cet honneur écherra à Bayonne. La carrière tourmentée du général ne lui a permis de résider longtemps nulle part. Depuis sa mise à la retraite, c'est à Bayonne que le général a passé dix-sept années. C'est à Bayonne qu'il est mort; c'est dans cette terre qu'il a voulu que ses cendres reposassent. Aussi il nous paraît juste que le monument appelé à perpétuer son héroïque et légendaire figure se dresse sur une des places de Bayonne, où il sera entouré du respect et de la vénération de tous.

Maintenant le brave général Bourbaki dort son dernier sommeil sur les coteaux fleuris de Saint-Étienne, dont les versants furent arrosés par le sang de vaillants soldats, près de cette paisible demeure où, entouré des soins affectueux de sa digne compagne, du respect et de la considération de toute une population, il put, en faisant le bien autour de lui, retrouver des années de joie et de bonheur dont les amertumes de la fin de la carrière militaire semblaient devoir priver son cœur de patriote généreux et loyal.

XI

Anecdotes et souvenirs. — Bourbaki à Inkermann. — Récit du général du Barail.
— Le matin de la bataille de Solférino. — Mêmes propos. — Les turcos dans
la Chiffa. — Une recette pour les perdreaux. — Deux conversations avec le général.
— Prise de Wissembourg.

On a écrit et raconté un grand nombre d'anecdotes relatives au
général Bourbaki. Nous avons choisi et reproduit ici quelques-unes
des plus intéressantes.

Voici un souvenir d'Inkermann, raconté par le général du
Barail.

« Bourbaki étant intervenu dans la mêlée, les Anglais battirent
en retraite, en rompant pied à pied, suivant leur habitude.

« — Colonel, lui dit le commandant du détachement anglais, nous
sommes fichus. Ce matin nous étions quinze cents. Nous ne sommes
plus maintenant que trois cents.

« — Eh bien ! où le mal ? Je vous apporte mes baïonnettes, et vous
allez voir que nous sommes plus de quinze cents. »

« Et le voilà courant sur les Russes. »

Le 24 juin 1859, le matin de la grande bataille de Solférino, on
avait amené à Bourbaki un Italien, que l'on pensait être un espion
faisant le service pour le compte des Autrichiens.

Le général le regarda fixement un instant.

« Voyons, lui dit-il, c'est donc bien vrai que tu fais le métier
d'espion pour le compte de l'armée autrichienne ?

— Oui, mon général.

— Et alors, comme cela, tu vas aller raconter aux *Austriacci* ce
que tu verras ici ?

— Oui, mon général.

— Écoute, je pourrais te faire fusiller; j'aime mieux te faire relâcher. Va dire aux Autrichiens que je les attends depuis deux heures, et que ça m'embête... »

Un de nos confrères du *Temps*, dans ses *Menus Propos*, nous a fait ce charmant récit :

« J'apprends, nous a-t-il dit dans un coin perdu de cette triste vallée du Rhône, qui paraît toujours en deuil d'un passé plus brillant que le présent, la mort du général Bourbaki. Et je ne sais si c'est la mélancolie du lieu, mais une foule d'images, qui ne sont pas toutes couleur de rose se lèvent en moi, autour d'un souvenir de ma petite enfance.

« C'était vers 1863 ou 1864. J'avais cinq ou six ans, et, comme tous mes contemporains, je me serais cru déshonoré si je m'étais promené par les rues d'une ville de garnison sans quelque attribut militaire, képi ou shako, sabre ou fusil. Un jour, je vois arriver à dix pas devant moi, sur le même trottoir, un brillant général, et, séduit sans doute par son air de jeunesse et de gaieté, j'ose, avec une hardiesse qui, dès lors, n'était pas dans mon caractère, j'ose ébaucher à son intention un vague salut militaire. Il s'arrêta en riant:

« — Ce n'est pas du tout comme ça, mon petit homme. »

« Il me prend la main, me fait saluer correctement et ajoute :

« — Quand tu seras soldat, et qu'on te demandera qui t'a appris à saluer, tu diras : « C'est Bourbaki. »

« Deux sentiments d'une force égale se partageaient mon âme : un immense orgueil et une irrésistible envie de cacher mon visage dans le tablier de ma bonne. C'est au second de ces deux sentiments que je cédai d'abord. Mais je ne tardai pas à retrouver le premier dans toute sa force, et j'y puisai l'audace de recommencer mon salut chaque fois que, par la suite, je venais à rencontrer le général Bourbaki. Quand il s'en apercevait, ou que, s'en étant aperçu, il était de bonne humeur, le général Bourbaki, à pied ou à cheval, rendait avec beaucoup de gravité son salut à ce minuscule conscrit.

« Et le conscrit minuscule n'avait nul besoin qu'on lui dît qui était Bourbaki. Son nom était arrivé à nos petites oreilles. Les marchands de jouets, qui nous vendaient des boîtes de soldats de plomb, n'avaient jamais assez de « zouaves » pour répondre à la demande. Les zouaves et Bourbaki, c'était tout un! Nul de nous ne l'ignorait.

« Nous étions d'heureux enfants. J'ai presque appris à lire, — et cela est arrivé sans doute à beaucoup d'autres, — dans une sorte d'album qui représentait les hauts faits de la flotte et de l'armée française en Crimée. Il y avait des images falotes comme on les faisait alors, avec une ou deux lignes en dessous, en caractères énormes. Avant de rien savoir, nous savions que les zouaves étaient invincibles et que, dès que le canon français tonnait, dès que le drapeau français flottait au vent, le champ de bataille était à eux. Tous les noms des victoires de Crimée et d'Italie nous étaient familiers et reparaissaient sans cesse dans nos jeux.

« Plus tard, les marchands de soldats de plomb durent nous vendre les « batailles de Sadowa ». Et il est bien probable que nous n'avons pas trouvé une très grande différence entre ces batailles-là et les autres, celles de la guerre d'Italie. Les bonshommes couchés, qui représentaient les cadavres, avaient toujours les mêmes uniformes. C'étaient toujours des Autrichiens. Quant aux vainqueurs, changement d'uniforme ne tirait pas à conséquence, surtout pour les gamins qui, comme moi, passaient leurs vacances à Strasbourg ou à Baden. L'armée prussienne, c'était l'officier ridiculement sanglé et plastronnant, qu'on s'amusait à suivre, en faisant des grimaces, dans l'allée de Lichtenthal. Ou bien c'était la sentinelle joufflue, poilue, pansue qui stationnait au milieu du pont de Kehl, symbole médiocrement guerrier d'une landwehr rustique et négligeable.

« Nous étions d'heureux enfants ! »

« Les turcos, raconte un lieutenant, étaient campés dans la Chiffa. Le cuisinier de la popote du bataillon, qui se nommait Reminade, excellait à préparer le produit de la chasse des officiers.

« J'arrivai au campement un jour de liesse : le gourbi servant d'office était encombré de gibier.

« — Soyez le bienvenu, me dit le commandant, et dînez avec nous.

« — Entendre c'est obéir, mon commandant, » répondis-je en arabe.

« On dîna gaiement. Du menu repas, je ne me souviens guère ; mais je n'ai pas perdu la mémoire des perdreaux à la Bourbaki ; c'était si bon, que je fis venir Reminade et je lui demandai sa recette.

« — Je m'en vais vous dire, me répondit-il, comment la chose

se passe : les perdreaux vidés et flambés, sauf votre respect, vous
troussez leurs pattes et vous fendez les oiseaux par le dos sans les
séparer du côté du ventre; puis vous les aplatissez avec une hachette
et les mettez dans une marinade d'huile ainsi assaisonnée : poivre,
sel, ail, clou de girofle, une feuille de laurier, un piment et du
basilic, beaucoup de basilic. Tandis qu'on mange le potage on les
fait griller à un feu vif et on les sert avec une sauce poivrade pour
laquelle on utilise la marinade.

« — Pourquoi appeler ça des perdreaux à la Bourbaki?

« — Pour faire honneur au commandant qui s'en est léché les
doigts la première fois que je lui en ai servi. »

« Et Reminade s'éloigna en chantant :

> Eh bien! ce chic exquis,
> Par les turcos acquis,
> Ils le doivent à qui?
> A Bourbaki.

De son côté, notre confrère, M. Marcel Hutin a ainsi raconté deux
conversations importantes qu'il a eues avec le général Bourbaki.

« Le général, a-t-il dit, a écrit des souvenirs, et des souvenirs qui,
s'ils étaient publiés, jetteraient une singulière lumière sur les
dessous des grands événements auxquels il fut mêlé activement
pendant la guerre, et notamment la déclaration de guerre et sa sortie
clandestine de Metz. Mais ces souvenirs ne seront jamais publiés,
tel est son désir, et au mois de février le vieux soldat, répondant
à une de mes questions, me dit :

« — La mauvaise préparation du plan de guerre, la défectueuse
organisation du commandement ont provoqué notre défaite en 1870.
J'ai fait tout ce qui était humainement possible pour reprendre utile-
ment l'offensive pendant la défense nationale, mais il était trop tard.
Et ce qui devait arriver arriva. Et quand même, j'ai la conscience
d'avoir lutté jusqu'au dernier moment. Quant à écrire ce que je
pense de ceux à qui incombent les responsabilités de nos défaites,
je ne m'en reconnais pas le droit. Je suis soldat, et ne me départirai
jamais de ma ligne de conduite que j'ai observée; je ne révélerai
rien ni pendant les quelques jours qui me restent encore à vivre,
ni par des mémoires posthumes. Les mémoires ne sont pas capables
de fournir à la jeune génération française un enseignement. J'ai
horreur de l'inutile, et je considère comme peu généreux, moi
qui n'ai jamais protesté contre des ordres injustes ou des décisions
dangereuses, de publier quoi que ce soit qui pût ranimer d'an-

ciennes polémiques ou en soulever de nouvelles. Paix à ceux qui
ne sont plus, et ce n'est pas moi qui troublerai la quiétude des
personnages qui vivent encore et auxquels j'ai eu affaire il y a un
quart de siècle! Lorsqu'on m'a mis à la retraite au mépris de la loi,
je n'ai pas bronché, je ne broncherai pas après ma mort. Je ne
publierai rien, ni moi, ni les miens. »

« Par ces déclarations très nettes et dites cependant sur un ton
très doux, on peut apprécier les vertus du soldat et de l'homme. »

Il me paraît intéressant de rappeler ici, au cours de ces souvenirs
rapidement évoqués, ce que me racontait, à la même époque, le
général Bourbaki sur la déclaration de guerre en 1870.

« La veille de la déclaration de guerre, je puis vous affirmer
que l'empereur croyait à la paix; il la désirait de la façon la plus
absolue. Je présidais alors, en 1870, la commission des présidents
des comités d'armes. Le 12 juillet, l'empereur, qui était à Saint-
Cloud, nous demanda de l'accompagner à Paris, il se rendait au
conseil des ministres. En sortant de ce conseil et en rentrant au château, il m'offrit une cigarette en me disant: « C'est la paix. L'Espagne
« renonce à la canditature Hohenzollern. La guerre serait une
« absurdité sans aucune nécessité. Supposons, général, qu'une île
« se soit élevée dans la Méditerranée sur les côtes de France.
« L'Allemagne veut s'en emparer, je m'y oppose. Mais pendant que
« nous sommes en présence, l'île disparaît. Ni l'Allemagne ni la
« France n'auront la folie de se battre pour une île qui aura dis-
« paru. » Le soir même, j'écrivais à ma femme le billet suivant :

« 12 juillet.

« Ma chère Aline,

« Je t'embrasse.
« La paix est assurée, le désistement est arrivé pour le trône
« d'Espagne. »

« Le 14 cependant, la guerre était déclarée.
« Que s'était-il passé? Consultez l'*Officiel* d'alors, consultez les
mémoires et les récits de ceux qui eurent la responsabilité des
affaires et faites-vous une opinion. A six heures du soir, ce jour-là,
je prévins ma femme du revirement qui s'était effectué et la chargeai
de me préparer le nécessaire pour partir immédiatement. J'annon-

çais en même temps à mon aide de camp, le commandant Leperche, que j'étais nommé au commandement du 9e corps d'armée et lui envoyai l'ordre d'acheter deux autres chevaux, de se munir de cartes et de se procurer tout le nécessaire.

« Je quittai Paris le 21, à cinq heures du soir par la gare de l'Est, à destination de Nancy, avec mes officiers d'ordonnance. Nous étions pleins d'espoir et de feu. J'avais ordre de me rendre à Metz, où j'arrivai le 26, rejoint le 27 par mon corps d'armée. L'organisation ne faisait que commencer, les réservistes arrivaient, l'approvisionnement suivait son cours. Nous perdions visiblement un temps précieux. Nos corps à nous étaient en préparation et échelonnés sur la frontière. Le 2 août, nous apprenons l'affaire sans importance de Sarrebruck, la garde reçoit l'ordre de se mettre en route par Valmérange en passant par Noisseville et Glatigny. Mon idée était de me rapprocher de Saint-Avold. L'état-major général répond par un refus et me donne l'ordre de rentrer à Metz. De plus en plus nous perdions notre temps.

« Le 5, je reçois un télégramme annonçant la prise de Wissembourg et la mort d'Abel Douai. Eh bien ! monsieur, ce ne fut que ce jour-là que deux armées furent enfin formées, la première commandée par Mac-Mahon et comprenant le corps de Mac-Mahon, Félix Douai et de Failly; la seconde, commandée par Bazaine et comprenant les corps de Bazaine, Frossart, Ladmirault, Canrobert et la garde impériale que j'avais l'honneur de conduire au feu.

« Pourquoi n'avait-on pas pris cette mesure au début et avant la guerre ? Notre défaite eût été changée en victoire à Wœrth.

« Le 6, enfin, je reçus l'ordre de me rapprocher de Saint-Avold. La bataille de Spickeren avait eu lieu; le 9, ordre de me rendre à Chauny. C'est en bivouaquant entre Saint-Avold et Longeville que nous apprîmes le désastre de Mac-Mahon à Wœrth.

« Le 8, au matin, Bazaine vint me rejoindre avec mon corps d'armée.

« Le maréchal ordonna la retraite et l'armée se retira jusque sous Metz.

. . . .

« Le 12 août, l'empereur quittait le commandement de l'armée et le remettait au maréchal Bazaine, nommé commandant en chef. Ce qui se passa après, vous le savez. Mais j'ai voulu vous montrer que mon plan ne fut pas suivi déjà ce jour-là par le maréchal Bazaine. »

APPENDICE

RELEVÉ DES ÉTATS DE SERVICE DU GÉNÉRAL DE DIVISION
Q.-D.-S. BOURBAKI

Élève à l'école spéciale militaire de Saint-Cyr, le 15 novembre 1834.

Sous-lieutenant au régiment de zouaves, le 23 décembre 1837.

Lieutenant au 24e régiment d'infanterie de ligne, le 21 décembre 1838.

Lieutenant des compagnies turques de Constantine, le 25 décembre 1838.

Capitaine aux zouaves, le 20 janvier 1842.

Chef du bureau arabe de Blidah, le 16 février 1844.

Chef de bataillon au 2e bataillon d'infanterie légère, le 28 août 1846.

Chef de bataillon aux tirailleurs algériens de Constantine, le 9 octobre 1846.

Lieutenant-colonel aux zouaves, le 16 janvier 1850.

Colonel aux zouaves, le 25 décembre 1851 [1].

Général de brigade, commandant la 2e brigade de la 2e division de l'armée d'Orient, le 14 octobre 1854.

Commandant la subdivision de la Gironde, le 5 février 1855.

Commandant la 2e brigade de la 1re division du corps Bosquet à l'armée d'Orient, le 5 avril 1855.

Commandant la 1re brigade de la 2e division de l'armée d'Afrique, réunie en Kabylie le 17 mai 1857.

Général de division, le 12 août 1857.

Commandant la 2e division du camp de Châlons, le 11 juin 1858.

---

[1] Ce régiment devint le 1er zouaves le 12 février 1852.

Commandant la 7ᵉ division militaire, le 30 octobre 1858.

Commandant la 3ᵉ division du 3ᵉ corps de l'armée d'Italie, le 16 avril 1859.

Commandant de la 5ᵉ division militaire [1], le 19 février 1861.

Commandant la 2ᵉ division du camp de Châlons, le 15 avril 1864.

Commandant la 1ʳᵉ division des voltigeurs de la garde impériale, le 16 décembre 1865.

Président du comité consultatif d'infanterie, le 15 octobre 1869.

Aide de camp de l'empereur Napoléon, le 9 juillet 1869.

Président de la commission du comité des armées, le 27 janvier 1870.

Commandant la garde impériale, le 12 juillet 1870.

Passé dans le cadre de réserve, le 22 avril 1881, mis à la retraite, le 22 avril 1885.

CAMPAGNES

En Afrique :

1° Du 15 octobre 1836 au 4 février 1854.

2° En 1856, 1857, 1858, 1859.

En Crimée :

1° Du 25 mars 1854 au 2 février 1855.

2° Du 5 avril au 20 septembre 1855.

En Italie :

Du 1ᵉʳ mai 1859 au 14 mai 1860.

En France :

Aux armées du Rhin, du Nord, de la Loire et de l'Est.

Du 15 juillet 1870 au 26 janvier 1871.

DÉCORATIONS DANS LA LÉGION D'HONNEUR

Chevalier, 20 juillet 1840.

Officier, 26 décembre 1852.

Commandeur, 22 septembre 1855.

Grand-officier, 6 septembre 1860.

Grand-croix, 20 avril 1871.

UNE MESSE AU CAMP

Un de nos amis, le capitaine P. De Goffinec, qui avait appartenu à un des régiments de l'armée impériale, et qui faisait partie du corps d'armée sous les ordres de Bourbaki pendant la campagne

[1] A Metz.

d'Italie, a bien voulu nous adresser les notes qu'il avait prises un dimanche au sujet d'une messe au camp que le général Bourbaki avait commandée. Nous ne pouvons résister au plaisir de citer cette belle page d'un pieux souvenir :

« Par un radieux soleil, en arrière de la ligne des troupes campées le long d'un petit ruisseau, sur une légère éminence dominant toute la plaine, un petit autel de campagne est improvisé. Oh! bien simple, bien modeste, guère plus riche que l'humble crèche où naquit, il y aura bientôt dix-neuf siècles, Celui que tant de millions de chrétiens adorent aujourd'hui.

« La table sainte improvisée reposait sur deux rangées de tambours. De chaque côté, deux pièces de canon et leurs artilleurs; devant, formant la haie, la garde d'honneur commandée par un capitaine; en arrière, la musique militaire, les tambours, les clairons; autour, le général et son état-major; plus loin, en petite tenue, des officiers et soldats de toutes armes : ils sont d'abord bruyants, houleux comme les vagues d'une mer légèrement agitée.

« Mais voici l'aumônier qui paraît devant l'autel; il se tourne vers cette foule et le silence s'établit, profond, recueilli, solennel.

« Au moment de l'élévation, alors que le brave aumônier élève le calice pour consacrer l'hostie, le général Bourbaki et ses officiers mettent un genou en terre, et d'une voix bien timbrée un officier jette ces brefs commandements :

« — Portez armes!

« — Présentez armes!

« — Génou terre. »

« Les soldats exécutent les commandements, les tambours et les clairons battent et sonnent aux champs, les canons tonnent et les assistants fléchissent tous le genou et se prosternent.

« Quel spectacle grandiose et solennel! Ce général et ces officiers de la garde, ces soldats dont beaucoup avaient vu la mort de près, et dont beaucoup allaient peut-être l'affronter encore dans quelques heures, sentaient qu'au-dessus de l'homme fragile il est un Dieu dont la pensée s'impose, surtout au moment du danger, lorsque souvent on n'est séparé de l'éternité que par une petite balle de plomb. Avec de pareils chefs, à l'âme croyante comme Bourbaki, les soldats ne devaient-ils pas avoir en eux-mêmes une force supérieure, qui devait leur faire considérer la perte de la vie comme suffisamment compensée par l'honneur de l'avoir sacrifiée au nom de Dieu pour la patrie. »

UN HOMMAGE AU GÉNÉRAL

Parmi les articles qui ont été consacrés à Bourbaki, il nous faut reproduire celui qui a été écrit par notre confrère Jules Claretie, de l'Académie française. Ces lignes font du bien, et tous les lecteurs les liront volontiers.

« C'est une belle figure militaire des temps légendaires de la vieille armée qui disparaît.

« Ce nom de Bourbaki fut, comme le nom de Bugeaud, illustré par les chansons de marche qui rendent l'étape moins lourde et l'heure du combat plus légère. C'est par là que la popularité se mesure. On doit le fredonner encore, aux tirailleurs algériens, le refrain à Bourbaki rimé sur l'air de la *Retraite*.

« Et nous revoyons, par la pensée, les vestes bleues des turcos campés au bois de Vincennes lors du retour de la guerre d'Italie. Nous nous rappelons tout ce qui grandissait de clameurs enthousiastes et de gloire lorsqu'on nous contait, au collège, les exploits de Bourbaki dans le brouillard d'Inkermann ou devant la courtine et sur les murs croulants de Malakoff.

« Depuis, j'avais de lui des lettres de jeunesse au colonel Molière, son colonel, où vibrait l'âme la plus enthousiaste.

« Puis nous avions vu passer ce soldat à la tête de la garde, et nous savions que les assiégés de Metz comptaient sur lui, à l'heure suprême, pour la grande folie héroïque qu'eussent voulu tenter les désespérés. On nous avait conté, dès les premiers jours de la campagne, que le général, très dévoué à l'empereur, ne pouvait cependant converser avec son souverain hésitant sans se sentir emporté de colère, et avait pris le parti de lui écrire chaque fois qu'il avait une communication à faire, et cela pour éviter l'éclat de sa patriotique douleur.

« Nous savions avec quel dévouement il s'était mis au service de la défense nationale, et que ces lèvres, maintenant muettes, avaient jeté aux soldats de Villersexel ce cri qui enlevait les plus las : « Ah
« çà ! est-ce qu'il sera dit que l'infanterie française ne sait plus
« charger? » Et elle chargeait, l'infanterie mobilisée, lui en avant.

« Il n'était pas jusqu'à son suicide avorté qui n'ajoutât à la légende militaire de l'ancien commandant de turcos. Je me rappelle Gambetta, à Bordeaux, hochant la tête et me disant de Bourbaki, que l'on croyait mourant : « Il a perdu la tête, mais non le cœur! »

« Le marquis Philippe de Massa, qui a assisté au drame de Besançon, a conté dans ses captivants *Souvenirs militaires* (qu'il devrait bien compléter par un second volume d'impressions de théâtre, de sensations de Paris) comment le général commandant l'armée de l'Est eut une sorte de transport au cerveau en recevant, après tous ses efforts d'un héroïque désespoir, de M. de Freycinet une dépêche qui ressemblait à un blâme :

« Autant *j'admets* votre attitude sur le champ de bataille, disait « la dépêche, autant je déplore la lenteur avec laquelle l'armée a « manœuvré avant et après les combats. »

« Autant *j'admets* votre attitude! » Le mot frappa Bourbaki en pleine poitrine, comme un biscaïen. Or, M. de Freycinet ne l'avait pas écrit, ce mot cruel qui devenait meurtrier. Le délégué à la guerre avait télégraphié : « Autant *j'admire* votre attitude sur le champ de « bataille... » Une erreur de transmission, qui désola M. de Freycinet lorsque M. de Massa lui apprit l'erreur, avait changé *j'admire* en *j'admets*.

« Et, navré, Bourbaki s'était déchargé un revolver à la hauteur de la temps droite, le coup déviant par la pression du doigt et la balle s'aplatissant contre l'os temporal *comme sur une plaque de fonte*, dit l'auteur de *Souvenirs et impressions*, en parlant du général dont il fut l'aide de camp dévoué dans cette campagne.

« Et maintenant la mort a passé son doigt invisible, inévitable, sur ce front de fer que les balles étaient impuissantes à trouer!

« Cette bouche, dont le commandement dominait la canonnade, ne pouvait même plus demander une tisane.

« Cet intrépide, qui bondissait en tête de ses Algériens « comme « des panthères au milieu des broussailles », disait Bosquet, n'était plus qu'un vieillard silencieux attendant doucement cette mort qu'il avait bravée, la moustache en croc, sur les champs de bataille.

« — Que de militaires! » disait Napoléon mourant et revoyant en son délire tous les compagnons des jours de gloire et de malheur qu'il allait rejoindre.

« Sans doute aussi, de sa prunelle fixe (les yeux des mourants voient l'invisible), Bourbaki, le sous-lieutenant de zouaves qui, logiquement (mais le sort se joue des rêves), devait mourir maréchal de France, les revoyait, ces compagnons d'Algérie, de Crimée, d'Italie, de Metz, de Vesoul et de Villersexel : Bosquet, Mac-Mahon, Canrobert, Mellinet, Cler, Ladmirault, Clinchant, il les revoyait passant il ne savait quelle revue de fantômes à l'ombre spectrale d'un drapeau tricolore, et il se disait, oui, joyeux, il se disait qu'il allait les rejoindre, les camarades d'autrefois! ·

« Jeunes soldats de l'armée nouvelle, de l'armée de l'espoir, saluez cet octogénaire qui meurt là-bas et qui emporte avec lui un rayon de notre gloire passée, un peu de la légende même de notre France : la crânerie dans la victoire, le sacrifice et la rage dans la défaite!

« Le vieil uniforme usé de Bourbaki pourra figurer avec honneur sur le char funèbre. Il a peut-être des trous, pas une tache. »

LE KÉPI DE BOURBAKI

Rappelons ici que le Musée de l'armée s'est enrichi, en 1897, du képi de Bourbaki, général de brigade en 1857, en Algérie. Ce képi est un don du sculpteur Barrias.

FIN

TABLE

NOUVELLE COLLECTION

FORMAT GRAND IN-8° — 4ᵉ SÉRIE

Alexandrie au Caire (D'), par Victor Fournel.

Ambition de Germaine (L'); JOURNAL D'UNE SŒUR AINÉE, par Pierre du Chateau.

Bernardine, par Henry Frichet.

Douze César (LES), par Roger Dombre.

Duc Jean (L'HÉRITIER DU), par Champol.

Fille du Brahmane (LA), par Delauney du Dézen.

Général Bourbaki (LE), par François Bournand.

Georgette, par Mˡˡᵉ Marguerite Levray.

Guy Main-Rouge, suivi de : EL AMBAJADOR ; — L'EXPIATION DE SALOMÉ ; — LA CROIX SANGLANTE, par Charles Buet.

Légende du Mont Pilate (LA), suivi de : LE NOEL DE BÉBÉ VICTOR ; — LE DERNIER JOUR DE PHTA-NEHI ; — HISTOIRES A DORMIR DEBOUT ; — LES SEPT CHAMBRES DU DIABLE, par Charles Buet.

Nouvelle patrie, par Charles Vincent.

Sacrifiée, par Mᵐᵉ la comtesse de Beaumont.

Souvenirs de Corse, par Mᵐᵉ J. Beaulieu-Delbet.

Une famille d'émigrés, par J. Gournay.

Une Française chez les sauvages, par Mᵐᵉ Goussard de Mayolle.

Un héros de la science moderne : Nansen, par Gustave Vallat.

Tours. — Impr. Mame.